香港城市大学-复旦大学工商管理博士(DBA)项目
"管理实践者的理论探索"系列丛书

品牌依恋

品牌体验对品牌信任影响机制研究

陈云勇 著

摘　要

随着互联网经济的迅速发展,企业与消费者之间的关系日益透明化。互联网促进了信息的急速传播,也逐步削弱了市场中的信息壁垒。企业可以通过互联网迅速了解竞争对手的信息,消费者也可以通过互联网了解企业的品牌、产品和服务。信息透明化给企业的营销战略带来了巨大的挑战,建立顾客对企业的信任成为企业实现可持续竞争优势的必要途径。基于此,探究影响消费者对企业信任的主要因素至关重要。同时,随着技术不断发展和成熟,产品和产品之间在功能上的差距越来越小。为了赢得消费者青睐,企业更依赖于品牌上的设计。那么,品牌通过何种途径影响消费者的购买行为,进而影响消费者对企业的信任值得学术界和实践界进行深入探讨。

基于对现有文献的演绎,本书提出品牌体验是影响品牌信任的重要因素。其中品牌体验具有感性和理性双重成分。品牌感性体验更多影响品牌情感信任,品牌理性体验更多影响品牌认知信任。更进一步地,品牌感性体验通过品牌依恋正向影响品牌情感信任,品牌理性体验通过产品依恋正向影响品牌认知信任。

本书通过三个子研究来验证这一研究模型。研究一通过两次调研对品牌进行了分类,提炼出研究二和研究三的行业池和品牌池。本书研究共分为两个部分,首先通过文献整理出与本书研究相关的行业池和品牌池,并对这些品牌进行第一步调研。通过在线问卷调研平台回收了219份问卷。之后借鉴专家意见进行第二次调研,并回收208份问卷,最后得到后续研究所需的品牌池,分别为四个理性体验型品牌和四个感性体验型品牌。

研究二通过开放性问卷对品牌信任进行质性研究,提出品牌信任具有两个维度:品牌认知信任和品牌情感信任,并针对品牌信任设计开放性问卷来探究其主要内涵,通过在线调研平台回收有效问卷80份。之后通过扎根理论获取品牌信任的8个组成成分,在此基础上开发相对应的量表。

研究三通过预调研和大规模问卷调研对六个假设进行验证。首先通过预调研对量表的适用性进行检验。随后进行大规模问卷调研,分别运用信度检验和效度检验,以及相关性检验对回收数据进行质量分析,最后通过回归分析对假设进行验证。

本书的结论主要有以下几点:(1)品牌体验对品牌信任具有正向显著的影响,即品牌体验越好,消费者对品牌的信任度越高。(2)品牌体验的感性、理性双元影响机制。品牌体验其实是感性和理性共同作用形成的一个综合体验。该体验对品牌依恋、产品依恋和品牌信任均有双元的影响作用。(3)品牌依恋和产品依恋的中介作用。本书研究证实,品牌感性体验通过品牌依恋影响消费者对品牌的情感信任,而品牌理性体验则通过产品依恋影响消费者对品牌的认知信任。(4)基于双维度的品牌信任量表开发。研究证实,品牌信任包含消费者对品牌的认知信任和情感信任。品牌认知信任由品牌定位感知、品牌社会认可、品牌信息和品牌需求构成;品牌情感信任由品牌喜爱、品牌情感认可、品牌情结、品牌情感需求构成。

序　一

　　这是一本博士企业家写的学术著作,它将一个有温度的题目呈现给我们。读这本书必须具备这样一个概念,即品牌关乎消费者的认知和情感。通俗地说,品牌塑造要把消费者当"人"看。中国改革开放逾40年,形成了一个庞大的市场经济,但这一概念似乎并未根深蒂固。企业独自承担了"塑造"品牌的任务,把大量的资源投向广告和产品创新,然后向消费者宣称他们的产品是第一流的。其实品牌的所有权不是在企业而是在消费者手里,企业只是在法律形式上拥有品牌的符号。消费者根据他们的偏好选择来决定品牌价值。因此,企业品牌资产的增长取决于消费者对其品牌所有权的运用,亦即消费者基于他们的品牌认知和情感对品牌的忠诚或扬弃。当消费者放弃一个品牌,这个品牌就消亡了。

　　一个有趣的问题是,企业可以通过"教育"消费者,譬如通过广告灌输,来塑造品牌吗?在一个信息不对称的市场,这或许可行;但在一个个性化凸显的后现代市场,消费者不但具有充分的产品信息,而且会根据他们的产品认知和情感来选择产品。那么,消费者认知和情感是如何产生的呢?广告式教育假定消费者的认知和情感是标准的,可以借助广告灌输来产生。这种广告战略,忽略了消费者作为"人"的个性化差异,因此本质上是一种市场傲慢;其品牌塑造功能的失效,是题中应有之义。

　　陈云勇博士提出了一个新颖的模型:消费者品牌认知和情感来源于消费者品牌体验。具体而言,消费者品牌体验导致品牌依恋,其进一步延伸到消费者品牌信任。这个模型符合常识,也具有坚实的理论依据。三位美国营销学者,Brakus、Schmitt 和 Zarantonello,在 2009 年正式提出和实证了品牌体验概念——其基于消费者感官体验,派生出消费者情感与认知,并进而影响消费者行为。这一概念区别于品牌评价、品牌卷入和品牌性格,是消费者作为"人"对品牌最初的感知反应。品牌体验可以细分为消费者情感体验和理性体验。譬如消费者接触品牌和产品产生的愉悦和兴奋,对品牌价值和产品功能产生的认知和判断。因此,品牌体验概念假定消费者感知差异,是人本主义的。品牌体验不是强迫灌输的感知,而是消费者真实情感的表现;品牌体验与广告和渠道无关,纯然由品牌价值特征所驱动。这种消费者品牌认知和情感,会导致企业期望的消费者行为。

陈云勇博士的模型建立了品牌体验和品牌信任之间的理论关联。以往的品牌文献鲜有这种独到的视角。这个理论模型的一个重要贡献还在于其探讨了品牌依恋作为品牌体验和品牌信任之间关联的一个中间机制。品牌依恋是美国另一位营销学者 Park 在 20 世纪 90 年代中期提出来的一个概念。大量实证研究表明,作为消费者和品牌之间的情感纽带,品牌依恋可以引致高阶的消费者行为,譬如品牌忠诚和口碑。过去的文献探讨了品牌依恋的形成因素,如自我概念匹配、消费者满意、品牌知识等。陈云勇博士第一次将品牌体验作为品牌依恋的前置因素,因此将这一概念植根于人本的土壤之中。心理学文献表明,婴儿的母亲依恋和父亲依恋产生于婴儿对母亲和父亲不同的体验,譬如温柔和安全体验的区别。依恋作为一种人类情感,必然诞生于对其依恋对象的体验。这是常识。

品牌依恋和品牌信任之间的关联在过去颇有歧义。很多营销学者认为品牌信任是品牌依恋的前置因素。这违背常识。信任是人们对信任对象承担风险的意愿,其产生必然基于人们对信任对象的情感或认知。品牌信任作为一种风险行为表现为消费者对品牌产品的购买意愿,亦即对品牌产品承担金融风险和功能风险的意愿。这种风险意愿是基于消费者对品牌的喜爱或依恋,而不是相反。因此,品牌依恋在理论上成为品牌体验和品牌信任之间关联的一个不可或缺的中介因素。

陈云勇博士建立的品牌体验-品牌信任理论无疑在以移动互联网为特征

的后现代市场具有重要的实践意义。有中国营销学者提出了后现代营销的 4C 模型,即场景(context)、社群(community)、内容(content)、联结(connection)。公司必须善于捕捉场景、建立社群、创造内容、鼓励联结,让消费者在碎片化消费场景中获得独特的品牌体验并形成共享的品牌认知和情感。后现代市场的一个重要特征是消费者强调个性,他们通常追随情绪而不是理性去进行购买。因此,通过塑造消费者独特消费体验,让体验凝结成品牌依恋进而产生品牌信任(认知信任和情感信任),这是后现代 4C 营销模型的理论基础和实践指南。

我欣赏陈云勇博士的学术探索,更鼓励他继续他的品牌研究。中国市场化改革 40 年,依然缺乏强大品牌,因而在国际市场博弈中处于劣势。塑造中国品牌和建立中国品牌理论,是中国企业家和学者的共同使命。陈云勇博士身兼双重身份,我建议他继续秉持人本主义的视角,重视消费者作为"人"的真实品牌感受和认知,精准捕捉消费者诉求与价值,进而探索消费者品牌幸福乃至品牌崇拜,推动消费者与企业共同塑造品牌。惟其如此,方能建立坚实的中国企业品牌资本。

苏晨汀
市场营销学讲席教授
二〇一九年十月九日于香港城市大学

序 二

随着互联网经济的日益发展和企业的数字化经营,企业和消费者之间的关系日益透明化,各项信息也趋于对称,这给企业营销工作带来了巨大挑战,也促使营销手段不断迭代更新。如果说传统的营销,更多是靠企业的单向宣传和对消费者的引导,靠企业通过各种手段打造的品牌形象去引导消费者,从而促使消费者最终实现购买行为,那么在当今互联网时代,体验经济更为发展,品牌所产生的影响和威力更多则是靠消费者的各种体验来建立对品牌的信任,同时,消费者体验的手段和形式也在日益多样化。

在这样的时代背景下,香港城市大学和复旦大学联合培养的陈云勇博士,作为一家卓有建树的策划公司领导者,结合其从事的品牌和企业文化策划工作,选择"品牌体验对品牌信任影响机制研究"作为课题,无疑具有很强的时代意义和现实意义,同时也在理论上为当今时代的企业品牌形象树立和品牌营销工作,做出极为有益的探索。

通过研究和实践,并在对相关文献进行了仔细梳理之后,本书作者提出:品牌体验是建立品牌信任的重要前提和基础,而品牌体验具有感性和理性双重成分。品牌感性体验更多影响品牌情感信任,受到情感驱动;品牌理性体验更多影响品牌认知信任,表现得更为理性和偏向科学。更进一步,品牌感性体验通过品牌依恋正向影响品牌情感信任,品牌理性体验通过产品依恋正向影响品牌认知信任。

作为着重从消费者体验方面来研究品牌信任和影响力,品牌依恋的中介作用是本书的一个重要理论贡献。依恋理论原来主要用于组织行为研究方面,它指的是:个体对自己和重要他人的亲密度与距离之间最佳平衡的感知,该理论试图解释个体与他人之间情感连结的本质。依恋是人们之间跨越时空的、深刻而持久的情感纽带,依恋通常是互惠的,但有时又表现为单向行为。个体的依恋模式会影响其职业生涯和工作场所的功能和表现,同时也会影响到个人行为的其他方面。人与人会产生依恋,同时依恋会产生移情现象,使得人对物品乃至商品品牌同样也会产生依恋,否则也就不会有所谓"品牌控"这一名词的产生。

每个人的行为兼有感性和理性两方面。因此对于品牌的依恋,既具有感情因素,体现出感性特征,人们通常因为某方面原因会对某个品牌商品表现出一种莫名的喜爱,成为某品牌的粉丝。但是在当前品牌林立、消费者选择众多、获取各种信息也日益便利的情况下,光有感情依恋又显然是不够的,因为品牌只是一种无形资产,无形资产必须依附于产品这一有形资产才能发挥作用。因此拥有品牌的企业还必须通过产品实质意义上的体验友好、质量过硬、使用便利,使消费者产生产品依恋,对品牌产生正向的理性认知,从而为品牌体验提供科学理性的支撑。

我们经常感叹于品牌溢价。高价值的品牌背后,是一个产品乃至一个企业物质属性和精神属性的最高结合点,是企业经营文化的体现,同时也体现出企业家是否具备开拓和创新精神。在企业管理方面,有一个著名的"微笑曲线"理论。"微笑曲线"理论的提出者、宏碁电脑创始人施振荣先生提出,一个企业如果想获得比较好的发展,创造更多市场价值,就应该把经营管理的重点放在类似人的嘴唇在微笑时候那条曲线翘起的两端,即研发设计和品牌营销。我在2017年12月26日带领《改变世界——中国杰出企业家管理思想访谈录》研究项目组,专程赴台北市访谈施振荣先生时,曾经问过他这样一个问题:您觉得微笑曲线理论当前是否还具有和以前一样的价值?因为如今有一种观点认为,如果我不做微笑曲线的两端,至少不用在研发和品牌上做大投入,而同样可以像有的企业一样靠大规模制造获利。而施振荣先生依然认为,虽然大规模制造同样也可以使企业获利,但附加值依然比较低。而且在如今人工智能和机器人大量加入工业制造领域的前提下,我们更要考虑用智慧财产,用创造性劳动来提升企业价值。所以施先生提出一个"新微笑曲线"，即不是一条微笑曲线，而且是有很多条，其中涉及跨界、跨业整合。而在"新微笑曲线"中，有一点是依然存在而且非常有价值的，那就是品牌的价值。他认为价值链的基础现在就是品牌。品牌不仅可以在一个价值链上提供，还可以跨越不同的价值链。而另外一点就是客户端的体验，体验会创造价值。企业一定要注重基于客户体验的品牌价值塑造，不断地迭代创新，重构和提升原有的价值链，持续给消费者提供更新更好的价值体验，才能不断提升自己的竞争力。因此，对于品牌体验的研究，具有极为重要的价值。

在全球经济日益一体化的今天，我们高兴地看到，一批中国品牌正逐渐在世界舞台上展现风姿，但总体上中国品牌力还有极大提升空间，中国品牌还需大力提升在世界品牌之林中的地位。我们希望看到，更多中国企业在未来的发展中，更加注重从品牌和产品两方面来提升消费者的体验，从而创造出更多的名牌产品，为中国经济腾飞和世界经济发展做出更大的贡献！

苏 勇

教授 博士 博导

复旦大学东方管理研究院院长

复旦大学管理学院企业管理系主任

2019 年 10 月 8 日

目 录

1 绪论 ··· 1
  1.1 研究背景 ·· 1
    1.1.1 现实背景 ·· 1
    1.1.2 理论背景 ·· 3
  1.2 主要概念界定 ·· 4
    1.2.1 品牌体验 ·· 4
    1.2.2 品牌依恋 ·· 5
    1.2.3 产品依恋 ·· 5
    1.2.4 品牌信任 ·· 5
  1.3 研究意义 ·· 6
    1.3.1 理论意义 ·· 6
    1.3.2 实践意义 ·· 7
  1.4 研究方法 ·· 8
    1.4.1 文献研究法 ·· 8
    1.4.2 质性研究法 ·· 9
    1.4.3 问卷调查法 ·· 9
  1.5 技术路线与结构安排 ·· 10
    1.5.1 技术路线图 ·· 10
    1.5.2 文章结构安排 ·· 12

2 文献和理论综述 ·········· 14
2.1 品牌体验研究综述 ·········· 14
2.1.1 体验的管理学定义 ·········· 14
2.1.2 体验的代表性研究 ·········· 15
2.1.3 品牌体验的定义和维度划分 ·········· 17
2.1.4 品牌体验的影响结果 ·········· 21
2.2 品牌依恋 ·········· 24
2.2.1 依恋和依恋理论 ·········· 24
2.2.2 品牌依恋 ·········· 29
2.3 品牌信任研究综述 ·········· 37
2.3.1 信任 ·········· 37
2.3.2 品牌信任的定义 ·········· 41
2.3.3 品牌信任的影响因素和作用结果研究 ·········· 43
2.4 本章小结 ·········· 46

3 研究假设和研究设计 ·········· 47
3.1 研究模型 ·········· 47
3.2 研究假设 ·········· 48
3.2.1 依恋视角下的品牌体验的影响 ·········· 48
3.2.2 品牌体验对品牌信任的影响 ·········· 49
3.2.3 品牌依恋对品牌情感信任的影响 ·········· 51
3.2.4 产品依恋对品牌认知信任的影响 ·········· 52
3.2.5 品牌依恋的中介作用 ·········· 53
3.2.6 产品依恋的中介作用 ·········· 53
3.3 研究规划与子研究设计 ·········· 54
3.3.1 研究规划 ·········· 54
3.3.2 子研究设计 ·········· 55

3.4 本章小结 ·· 56

4 研究一：基于体验类型的消费者品牌分类 ························ 57
4.1 感性体验型和理性体验型品牌 ······································· 57
4.1.1 感性体验型品牌 ··· 57
4.1.2 理性体验型品牌 ··· 58
4.2 问卷调查研究设计 ··· 59
4.2.1 行业和品牌的选取 ··· 59
4.2.2 问卷设计 ··· 63
4.3 研究一调研 ··· 65
4.3.1 调研步骤 ··· 65
4.3.2 调研结果 ··· 68
4.4 研究结论 ··· 78
4.5 本章小结 ··· 78

5 研究二：品牌信任的量表开发 ··· 79
5.1 质性研究设计 ·· 79
5.1.1 研究问题和研究方法 ·· 79
5.1.2 开放性问卷设计与资料收集 ································· 82
5.1.3 抽样与样本信息 ··· 84
5.2 质性分析流程 ·· 87
5.2.1 资料整理 ··· 87
5.2.2 信度和效度 ··· 88
5.2.3 开放性编码 ··· 89
5.2.4 轴心编码 ··· 98
5.3 质性分析结果 ··· 100
5.3.1 品牌认知信任构成成分 ····································· 100

5.3.2　品牌情感信任构成成分 …………………………………… 102
5.4　量表结构与题项开发 ……………………………………………… 104
　　5.4.1　研究构念 …………………………………………………… 104
　　5.4.2　量表性质 …………………………………………………… 105
　　5.4.3　量表结构 …………………………………………………… 105
　　5.4.4　形成题项 …………………………………………………… 106
5.5　品牌信任量表调研和信效度分析 ………………………………… 108
　　5.5.1　数据来源 …………………………………………………… 108
　　5.5.2　效度分析 …………………………………………………… 109
　　5.5.3　探索性因子分析 …………………………………………… 110
　　5.5.4　信度分析 …………………………………………………… 112
5.6　修正问卷形成 ……………………………………………………… 113
　　5.6.1　专家意见 …………………………………………………… 113
　　5.6.2　修正问卷形成 ……………………………………………… 114
5.7　研究结论 …………………………………………………………… 115
5.8　本章小结 …………………………………………………………… 115

6　研究三(一)：问卷调查研究设计和预调研 …………………………… 116
6.1　研究方法 …………………………………………………………… 116
　　6.1.1　问卷设计方法 ……………………………………………… 116
　　6.1.2　问卷分析方法 ……………………………………………… 118
6.2　变量测度 …………………………………………………………… 118
　　6.2.1　自变量测度：品牌体验 …………………………………… 119
　　6.2.2　中介变量测度一：品牌依恋 ……………………………… 120
　　6.2.3　中介变量测度二：产品依恋 ……………………………… 121
　　6.2.4　因变量测度：品牌信任 …………………………………… 122
　　6.2.5　控制变量 …………………………………………………… 123

6.3 预调研 ·· 123
    6.3.1 预调研样本数据收集 ·· 124
    6.3.2 探索性因子分析 ·· 125
    6.3.3 信度分析 ·· 130
6.4 本章小结 ·· 131

7 研究三(二): 品牌体验对品牌信任的双重影响路径检验 ······ 132
7.1 正式调研数据收集 ·· 132
    7.1.1 数据收集过程 ·· 132
    7.1.2 基本人口特征统计 ·· 133
7.2 数量质量检验 ·· 137
    7.2.1 正态分布检验 ·· 137
    7.2.2 共同方法偏差检验 ·· 139
7.3 信度和效度分析 ·· 142
    7.3.1 信度分析 ·· 143
    7.3.2 效度分析 ·· 143
7.4 假设检验 ·· 149
    7.4.1 相关分析 ·· 149
    7.4.2 多重共线性检验 ·· 150
    7.4.3 品牌体验的情感机制和理性机制分析 ························ 152
    7.4.4 品牌依恋、产品依恋对品牌信任影响的对比分析 ······ 160
    7.4.5 品牌依恋和产品依恋的中介作用分析 ························ 163
7.5 对未获得验证的假设进行讨论 ······································ 166
7.6 本章小结 ·· 167

8 结论与展望 ·· 169
8.1 研究结论 ·· 169

8.1.1 研究工作 …………………………………………… 169
8.1.2 研究结论 …………………………………………… 171
8.2 研究贡献 ………………………………………………… 173
8.2.1 理论贡献 …………………………………………… 173
8.2.2 实践贡献 …………………………………………… 175
8.3 研究局限性和未来研究展望 …………………………… 176
8.3.1 研究局限性 ………………………………………… 176
8.3.2 未来研究展望 ……………………………………… 178

参考文献 …………………………………………………………… 179

附录 ………………………………………………………………… 202
附录一：研究一调研问卷（一） …………………………… 202
附录二：研究一调研问卷（二） …………………………… 205
附录三：研究二调研问卷（一） …………………………… 208
附录四：研究二调研问卷（二） …………………………… 210
附录五：预调研问卷 ………………………………………… 212
附录六：正式调研问卷（一） ……………………………… 215
附录七：正式调研问卷（二） ……………………………… 217

图目录

图 1-1　本书技术路线图 ················· 11
图 2-1　Ha 和 Perks(2005)品牌体验模型 ············ 21
图 2-2　依恋理论的发展 ················ 27
图 2-3　Grisaffe 和 Nguyen 的品牌依恋前置模型 ········ 35
图 2-4　Smith 和 Barclay 的信任-销售联盟模型 ········ 39
图 3-1　研究模型 ··················· 47
图 5-1　扎根理论研究过程 ··············· 82
图 5-2　品牌信任的结构及构成维度 ············ 103

表目录

表 2-1　关于"体验"代表性研究综述 …………………………… 16
表 2-2　顾客体验和品牌体验的定义和维度研究 ………………… 20
表 2-3　品牌体验的影响结果的代表性研究 ……………………… 23
表 2-4　依恋的分类 ………………………………………………… 26
表 2-5　依恋理论的演进 …………………………………………… 28
表 2-6　品牌依恋的定义和维度 …………………………………… 31
表 2-7　品牌依恋的影响结果研究梳理 …………………………… 34
表 2-8　品牌依恋的影响因素研究梳理 …………………………… 36
表 2-9　信任的定义研究综述 ……………………………………… 40
表 2-10　品牌信任的定义研究综述 ………………………………… 43
表 2-11　品牌信任的作用结果和影响因素研究综述 ……………… 45
表 3-1　研究假设 …………………………………………………… 56
表 4-1　营销学中已有关于"体验"研究相关文献的行业池和品牌池举例
　　　　……………………………………………………………… 60
表 4-2　研究一行业池和品牌池的概况和来源 …………………… 61
表 4-3　调研问卷问题 ……………………………………………… 64
表 4-4　研究一：基本人口特征统计（调研一）………………… 66
表 4-5　研究一：基本人口特征统计（调研二）………………… 67
表 4-6　调研一：品牌分类结果 …………………………………… 69
表 4-7　调研二：品牌分类结果 …………………………………… 72

表 4-8	调研一：品牌分类综合结果	74
表 4-9	调研二：品牌分类综合结果	75
表 5-1	开放性问卷调研基本人口统计特征	84
表 5-2	品牌认知信任条目概念化和类属化示例	90
表 5-3	品牌情感信任条目概念化和类属化示例	92
表 5-4	品牌认知信任和品牌情感信任类属出现频次	97
表 5-5	品牌信任的轴心编码结果	99
表 5-6	品牌信任量表结构	106
表 5-7	品牌信任量表初步设计	107
表 5-8	对品牌信任量表信度和效度进行调研的基本人口统计特征	108
表 5-9	品牌信任量表的探索性因子分析结果（未旋转）	111
表 5-10	品牌信任量表的探索性因子分析结果（旋转）	112
表 5-11	品牌信任量表的信度分析结果	113
表 5-12	品牌信任量表（修正）	114
表 6-1	品牌体验测度量表	120
表 6-2	品牌依恋测度量表	121
表 6-3	产品依恋测度量表	121
表 6-4	品牌信任测度量表	122
表 6-5	预调研基本人口统计特征	124
表 6-6	预调研 KMO 和 Bartlett 球形检验结果	126
表 6-7	品牌体验的探索性因子分析结果（旋转）	127
表 6-8	品牌体验量表（最终）	127
表 6-9	品牌依恋探索性因子分析结果（旋转）	128
表 6-10	产品依恋探索性因子分析（旋转）	128
表 6-11	品牌信任探索性因子分析（旋转）	129
表 6-12	预调研中各变量量表的信度分析结果	130
表 7-1	样本一：基本人口统计特征	134
表 7-2	样本二：基本人口统计特征	135

表 7-3　样本一：感性体验型品牌的正态分布检验结果 ……………… 137
表 7-4　样本二：理性体验型品牌样本的正态分布检验结果 ………… 138
表 7-5　样本一：感性体验型品牌的共同方法偏差检验的总方差解释 … 140
表 7-6　样本二：理性体验型品牌的共同方法偏差的总方差解释 …… 141
表 7-7　各变量量表信度测量结果 ……………………………………… 143
表 7-8　验证性因子分析的指标详情和判别标准 ……………………… 144
表 7-9　品牌体验的验证性因子分析结果 ……………………………… 145
表 7-10　品牌依恋验证性因子分析结果 ………………………………… 146
表 7-11　产品依恋验证性因子分析 ……………………………………… 146
表 7-12　品牌信任验证性因子分析结果 ………………………………… 147
表 7-13　主要变量验证性因子分析拟合结果 …………………………… 148
表 7-14　样本一：感性体验型品牌的相关变量相关性统计 …………… 149
表 7-15　样本二：理性体验型品牌的相关变量相关性统计 …………… 150
表 7-16　样本一：感性体验型品牌样本的主要变量的多重共线性检验
　　　　　……………………………………………………………………… 151
表 7-17　样本二：理性体验型品牌样本的主要变量的多重共线性检验
　　　　　……………………………………………………………………… 152
表 7-18　不同的品牌体验对品牌依恋的回归结果 ……………………… 153
表 7-19　不同的品牌体验对产品依恋的回归结果 ……………………… 154
表 7-20　品牌体验对品牌信任的回归结果 ……………………………… 156
表 7-21　不同类型的品牌体验对品牌情感信任的回归结果 …………… 158
表 7-22　不同类型的品牌体验对品牌认知信任的回归结果 …………… 159
表 7-23　品牌依恋、产品依恋对品牌情感信任的回归结果 …………… 160
表 7-24　品牌依恋、产品依恋对品牌认知信任的回归结果 …………… 162
表 7-25　品牌依恋的中介效应回归检验 ………………………………… 164
表 7-26　产品依恋的中介效应检验 ……………………………………… 165
表 7-27　研究假设验证结果 ……………………………………………… 167

1 绪 论

1.1 研究背景

每当苹果公司发布新产品的时候,市面上总是充斥着各种各样关于果粉们连夜排队购买苹果公司新产品的新闻,比如 iPhone XS 刚刚开始售卖的时候,苹果旗舰店门口又出现长长的粉丝队伍等待购买新发布的手机。什么因素让消费者对苹果手机如此信任？什么因素让消费者对苹果公司的产品一而再再而三地进行购买？诸多调查表明,苹果公司特别注重消费者的品牌体验(Abroms, 2011; Dala-Ali, 2011;戴天婧,张茹和汤谷良,2012)。消费者对苹果这一品牌的体验直接影响对其产品和服务的依赖(杨松霖,2009;姚琦和黄佳,2015),而这种依赖最终体现在品牌信任上(Voorhees, 2005; Laroche, Habibi and Richard, 2012)。基于此,探究品牌体验和品牌信任之间的关系及其作用机制成为市场营销领域相关学者关注的重要话题。

1.1.1 现实背景

1. 互联网时代带来的机遇和挑战

随着"互联网+"时代的正式来临,企业经营面临着新的机遇和挑战。首先,互联网的迅速发展为企业拓宽了销售渠道和销售市场,迅速增加不同地区和区域的实际和潜在用户数量,使得诸多企业从原本的地域性企业一跃成为全国性乃至跨国企业。其次,互联网搭建的 B2C 平台大大降低了传统营销过程中各个链条的成本,提高了企业的经营效率。此外,互联网技术也给传统企业带来了新的活力,客观上促使企业不断创新自己的产品和服务,增强了企业的竞争优势。因此,"互联网+"时代的来临为诸多企业提供了弯道超车、快速发展的新机遇。

然而,"互联网+"的到来也同时为企业带来了严峻的挑战。首先,互联网为顾客和信息流的"点对面"连接搭建了一个平台,在这一平台作用之下,顾客能够看得到所有同类产品的企业或商家,同时也能够了解产品从原材料到生产再到销售的各个环节信息,原本神秘的行业信息变得日益透明化。同时,互联网时代也催生了社群化网络的发展(Muniz, 2001; Mcalexander, 2002; Muñiz and Arnould, 2009)。同一个品牌的用户通过互联网跨越时间和空间建立品牌社区和顾客社群。消费者就这一品牌的购买和使用进行在线社群交流并发表彼此的体验感受。换言之,消费者之间的信息也日益透明化,在购买这一商品之前就能全方位地了解该品牌,这就促使商家必须要通过高质量的体验来吸引并留住消费者。

基于此,互联网的迅速发展为企业带来了新的机遇,同时也对企业提出新的要求和挑战,如何把握这一时代机遇,应对挑战,成为企业战略制定的核心内容之一。

2. 情感营销成为企业战略规划的重要组成部分

如前所述,互联网在线购买平台让同类别的产品可以跨越地域局限,同时出现在消费者面前。面对这些功能基本一致的产品,情感需求成为影响消费者购买决策的重要因素。以咖啡行业为例,消费者在购买星巴克时不仅仅看重其功能属性,更看重该产品能够使自己在情感上得到满足。换言之,在产品同质化时,企业更多依赖品牌的情感力量来打动消费者。基于此,如何打造与消费者的关系,如何提高消费者对品牌的用户黏度,是当下企业急需解决的问题(Dowling, 1997; Gefen, 2002; Srinivasan, 2002; Kim, 2004)。已有研究表明,消费者对企业品牌的情感是一种关系,这种关系使消费者对企业的态度进入相对稳定的状态(Chiou, 2002; Mithas, 2005; Homburg, 2006)。当消费者的情感得到满足时,会更喜爱甚至依赖该企业的品牌,进而会更加愿意和该企业的品牌建立联系。基于此,包括情感营销在内的关系营销已经成为企业制定营销战略的重中之重(Morgan, 1994; Sheth, 1995; Veloutsou and

Saren,2002)。

企业的情感营销会提升消费者的黏度(Rytel,2010;Staton and Paharia,2012),这就给企业带来了可持续的竞争优势。此外,企业的情感营销会让消费者觉得企业重视自己,感觉该企业的品牌是自己生活的一部分,达到其他营销手段难以企及的效果,这种效果会让消费者更加依赖该品牌的产品和服务,甚至主动为企业去宣传,激活顾客价值(Slater,1997;白长虹,2001;杨龙和王永贵,2002)。

1.1.2 理论背景

1. 品牌体验对品牌信任影响的研究缺陷

Brakus(2009)对品牌体验的定义、内涵以及维度进行界定之后,品牌体验就成为营销领域学者热议的话题(Morgan and Veloutsou,2013)。然而,目前有关品牌体验对品牌信任的影响研究尚不全面(Rubel,2017),主要体现在以下几个方面。

首先,品牌体验对品牌信任的影响机制不清晰(Ballester,2011;袁登华,2007)。目前营销领域的学者更多关注品牌体验对品牌资产(李启庚和余明阳,2011)、品牌忠诚(Iglesias,2011)以及消费者-品牌关系的影响(Lee and Soo,2012),很少有研究涉猎品牌体验对品牌信任的影响(Rubel,2017)。然而,信任是消费者-品牌关系中的重要一环(黄静和熊巍,2007;康庄和石静,2011),信任在很大程度上影响了消费者对品牌的购买意愿(Sung,2010)以及购买行为(Ha,2005)。因此,探讨品牌体验对品牌信任的影响机制是当下营销领域的研究重点。

其次,品牌体验的感性和理性成分作用不清晰。Brakus(2009)认为品牌体验包含四个维度,分别是感官体验、情感体验、行为体验和智力体验。这四种体验概括起来主要包含感性和理性两个成分(张振兴和边雅静,2011)。然而,现有研究并没有充分探究品牌体验的情感成分和理性成分。事实上,消费者的感性体验和理性体验对品牌信任的影响过程存在较大的差异,对两者进行不区分的探究很可能导致研究的结论缺乏一定的可借鉴意义。然而,目前现有研究对品牌体验的感性体验和理性体验的作用过程探究并不清晰。

2. 品牌依恋、产品依恋在品牌体验和品牌信任之间关系的中介机制作用不清晰

心理学的研究证实,情感源于体验,而情感又可以导致信任(Korsgaard and Schweiger, 1995; Mikulincer, 1998)。因此,品牌体验很可能通过品牌依恋、产品依恋去影响品牌信任。然而,由于品牌体验对品牌信任的影响机制研究并不清晰,品牌依恋和产品依恋的中介机制作用也尚未得到充分的探究。

第一,品牌依恋是否在品牌感性体验和品牌情感信任之间起到桥梁作用,现有学者并未给出明确的解答。体验是包含情感成分的(Brakus, 2009),信任也是包含情感成分的(Johnson and Grayson, 2005; Chen, Eberly and Chiang, 2014)。通过心理学相关研究可以发现,个体对某一产品或服务的体验会激发个体的依恋情感,进而上升为对这一品牌的信任,换言之,品牌依恋可能是品牌感性体验和品牌情感信任之间的中介变量。然而,当下研究并未揭示品牌感性体验如何影响品牌的情感信任。

第二,产品依恋可否成为品牌理性体验和品牌认知信任的中介变量。诸多学者对影响品牌认知信任的因素进行了研究(Reast, 2005; 望海军, 2012)。然而,由于品牌体验对品牌信任的研究不足,品牌理性体验对品牌认知信任的影响机制也并不清晰。因此,产品依恋作为描述理性和认知方面的消费者—品牌关系构念(Mugge, 2008; Page, 2014),可否成为品牌理性体验和品牌认知信任的中介变量,对指导企业营销实践而言至关重要,然而现有研究对这一问题并未给出明确的回答。

1.2 主要概念界定

1.2.1 品牌体验

品牌体验是指消费者内在的、带有服从性的情感和行为上的反应。这种

反应由品牌形象、社区以及环境所激发。本书将品牌体验划分为两个维度,即品牌感性体验和品牌理性体验。其中,品牌感性体验是指消费者在与品牌互动的过程中,从情感上对品牌产生的感知,包括对品牌正面或者是负面的情绪感知。而品牌的理性体验是指消费者通过外在的、客观的信息对品牌产生的认知,其中包括产品的功能、质量等能否满足消费者需求,消费者会对品牌的客观信息产生判断的感知。

1.2.2 品牌依恋

基于Thomson(2005)的研究,本书将品牌依恋界定为消费者体验到的与品牌之间的情感联结。进一步的,本书认为品牌依恋是消费者对品牌的特殊情感,重点反映的是一种情感上的联结。通过Bowlby(1969)对依恋的研究可以知道,依恋最早是源自婴儿对母亲的情感。本书的品牌依恋是由依恋的定义衍生而来,即品牌依恋是消费者对品牌的情感联结,这种联结感类似于婴儿对母亲的先天联结,并非基于任何后天的认知而产生。

1.2.3 产品依恋

基于Mugge(2008)的研究,本书认为产品依恋是指消费者体验到的、在他们和产品之间的一种连接强度。因此,产品依恋侧重于消费者对产品功能上的情感联结。这种联结也会使消费者对品牌产生情感,但是这种情感的产生是基于产品功能,与品牌依恋有显著的不同。

1.2.4 品牌信任

本书对品牌信任的定义是基于Ballester(2011)的研究发展而来,认为品牌信任是指消费者在和品牌互动时产生的安全感,这种安全感使得消费者坚信该品牌会对消费者的利益负责并值得依赖。品牌信任包含两个维度,即品牌认知信任和品牌情感信任。品牌认知信任是指人们对某一品牌的功能和可靠性有信心,觉得产品的功能能够满足自己的需求,从而愿意承担购买风险;品牌的情感信任是指人们对某一品牌在感情上具有共鸣,由于喜欢这个品牌,从而愿意承担购买风险。换句话说,本书认为品牌信任侧重于消费者对品牌的安全感知,这种安全感基于认知和情感两个方面来体现。在认知方面,消费者会通过判断该品牌产品和服务的功能来感知品牌的安全性;在情感方面,消费者会通过感知和品牌之间的情感连接来衡量品牌的安全感。

1.3 研究意义

1.3.1 理论意义

本书从感性和理性两个角度探讨了品牌体验和品牌信任之间的影响机制。其中感性机制主要关注品牌感性体验如何通过品牌依恋影响品牌情感信任,而理性机制主要关注品牌理性体验如何通过产品依恋影响品牌认知信任。本书的理论意义如下。

(1) 丰富了品牌体验的相关理论。本书打破品牌体验传统的四维度划分,将其进一步提炼成为品牌感性体验和品牌理性体验双维度。已有研究证实,品牌体验包含感性和理性两个成分。本书通过对理论和开放性问卷的归纳,发现品牌感官体验和品牌情感体验包含在品牌感性体验中,而品牌行为体验和品牌智力体验包含在品牌理性体验中,且二维量表有较高的信度和效度。通过品牌体验维度的再划分,丰富了品牌体验的相关理论。

(2) 丰富了品牌信任的相关理论。相对于传统的品牌认知信任理论研究而言,现有学者对品牌情感信任的研究较为匮乏。社会科学研究领域对信任的研究已经证实,信任不仅包含认知信任,同时也包含情感信任。然而,对于品牌信任研究领域来说,现在绝大多数对品牌信任的研究都是基于对品牌认知信任的研究。Ballester(2011)认为品牌信任是在消费者对风险感知的基础之上形成的。换句话说,消费者对风险的感知是基于消费者的认知基础,而不是情感基础。本书通过对相关文献的梳理,提出品牌情感信任这一维度。本书认为,品牌信任既包含认知信任,也有情感信任成分。其中情感信任是消费者对品牌产生的情感依赖,以及消费者和品牌之间形成的情感联结。本书进一步通过实证调研证实了品牌信任的认知和情感两个维度。综上所述,通过品牌信任两维度的提出,本书丰富了品牌信任的研究理论。

(3) 丰富了品牌依恋的研究理论。通过之前研究可以发现,品牌依恋在品牌体验和品牌信任之间的中介作用机制不清晰。本书的研究证实,品牌依恋中介了品牌体验和品牌信任之间的关系。因此,本书通过探究品牌依恋在品牌体验和品牌信任之间的中介作用,揭示了品牌体验对品牌信任的影响机制。同时,也丰富了品牌依恋的相关理论。

1.3.2 实践意义

本书研究是从实践出发,结合实践现象归纳和演绎出理论,再用理论去指导实践。因此,本书研究不仅从实践中将理论抽象出来,更对实践有重要的启示和指导意义。

(1) 引导企业对品牌和产品进行更好的设计。本书研究的理论模型显示,优秀的品牌体验能够使顾客建立对品牌的强烈信任,这就需要企业注重对品牌以及产品和服务的设计。首先,企业需要注重对品牌的设计,包括品牌自身对消费者感官的吸引、品牌自身的所具有的价值,在情感上打动消费者。其次,企业还应该注意对品牌产品和服务的质量进行考量。品牌的产品和服务如果质量较为稳定,会降低消费者的认知风险,使消费者更容易在功能上依赖该品牌的产品和服务。事实上,功能需求的满足是消费者购买该品牌产品或服务的基本条件。具有较强功能性的品牌会引导消费者对其进行思考,满足消费者的好奇心。企业通过对品牌以及品牌产品和服务的设计能够提高消费者的品牌体验,从而提高消费者的满足感,进而可以提升顾客的黏度,提高企业的利润。

(2) 企业应该把重点放在构建消费者对品牌的信任上。消费者对品牌的信任主要反映在消费者对品牌风险感知度的降低,即消费者认为购买或者使用该品牌的产品和服务风险度比较低,也就更倾向于使用该品牌。所以,企业要注重培养消费者对品牌的信任感,通过各种途径构建消费者对品牌的信任。多数研究表明,消费者对品牌的信任能够影响到消费者对品牌的购买意愿和购买行为。企业通过关注消费者对品牌的信任,可以大幅度提升消费者对企业产品和服务的购买和使用,这对提升企业收入大有裨益。

(3) 通过揭示消费者对品牌的感性和理性双重路线来引导企业和消费者之间的互动。本书研究模型的另一个重点是突出消费者对品牌关系的感性层面和理性层面的对比。通过消费者对品牌关系感性和理性作用机理的构建可以看出,消费者与品牌的关系具有双重影响机制。因此,企业需要同时注重与消费者进行理性和情感方面的沟通,不仅要满足消费者的理性需求,还要满足消费者的情感需求,使消费者在情感上依赖品牌。所以通过本书研究,企业可以找到消费者理性需求是发生在购买的哪一阶段,情感需求又是发生在购买的哪一阶段,进而针对性地在相应的阶段引导消费者产生对品牌产品和服务的信任。

1.4 研究方法

本书主要采用定性和定量结合的研究方法。具体来说,本书整体运用归纳(inductive)和演绎(deductive)两种思维模式,首先通过文献研究来寻找模型的基本理论支撑,并提出假设。研究二在文献梳理的基础上通过质性研究来对相关构念进行界定和构建。研究一和研究三则是采用问卷调查等定量研究方法来对模型进行验证。

1.4.1 文献研究法

文献研究法是指科学地对文献进行归纳总结的方法(陈晓萍、徐淑英和樊景立,2012)。其中,很多学者提出文献研究法需要通过以下几个步骤来进行。首先就是收集文献。对于文献收集方面,很多学者都主张一定要达到面广并且文献收集的质量要高(风天笑,2001)。一般来说,收集国内外高水平期刊上发表的相关文献更能符合研究要求。其次就是文献阅读。文献阅读需要研究者挖掘文献的表意和深意,以理解文献中所传递的信息,方便研究者接下来整理相关文献。最后就是对文献进行归类和整理。通过之前的文献收集和阅读,最后对文献进行归类和整理,以期发现当下理论研究的弱点和缺口,从而为自己的研究找到理论支撑。

综上,本书所收集的文献大部分都是国内外高水平期刊上的相关文献,故本书是在多方文献对比之下提出的理论构念。通过系统梳理相关文献,给研究模型的提出找到了理论支撑,为后续的研究奠定了坚实的理论基础。

1.4.2 质性研究法

质性研究涵盖诸多方法与理念,广义的质性研究是使研究人员得以深入了解他人体验的一种途径,其间涉及专门的研究手段。由此可以看出,质性研究最主要的特点之一就是能够让研究人员从被研究者的角度出发,从而可以去发现问题,并站在被研究者的角度去探讨问题并尝试性的去解决问题。Denzin 和 Lincoln(2008)认为质性研究是"一种了解世界的诠释性和自然注意的研究途径。这意味着质性研究人员研究日常状态下的事物,尝试从人们赋予现象的意义来理解或诠释现象"。

本书采用的质性研究方法是集中在扎根理论的应用上。通过开放性问卷的调研,来获取一般消费者对品牌信任的理解,从而从消费者角度提炼出品牌信任的构念框架。这主要是因为虽然已经有学者进行过品牌信任的相关研究,但是相关研究还存在很多不足之处(Ballester,2011;望海军,2012;谢毅,2014)。本书旨在弥补品牌信任中有关情感信任研究方面的缺陷,故采用质性研究来对相关构念进行构建并开发相对应的品牌信任量表。

1.4.3 问卷调查法

问卷调查法是管理学研究的一般性调查方法,这是因为问卷调查法具有很多优点,比如收集数据比较迅捷,也比较方便,覆盖人群相对比较广,同时如果量表选用恰当的话,也能保证研究测量的信度和效度(陈晓萍,徐淑英和樊景立,2012)。本书研究主要基于问卷调查法进行。研究一是封闭性问卷,调查消费者对品牌的分类;研究二通过开放性问卷,调查消费者对品牌信任的理解;研究三通过封闭性问卷对变量进行测量,之后通过一系列数据处理来对模型进行验证。具体如下。

研究一结合文献研究法，对一般性的品牌和行业进行调研。目的是搭建起本书所需要的行业池和品牌池，以便进行后续研究。研究一采用的问卷是封闭性问卷，问卷由研究小组自行设计。总共进行两次问卷调查，其中第二次问卷调查是在第一次问卷调查的基础上进行，结合了专家意见，使问卷结果的信度和效度都更高。

研究二通过开放性问卷的发放来了解一般性消费者对品牌信任的理解。首先，在文献研究的基础上，研究小组结合专家意见，提出品牌信任、品牌情感信任和品牌认知信任的含义，然后通过开放性问卷，收集消费者对这三个构念的态度和看法。随后，研究小组对收集的文本进行质性分析，得出品牌信任的构念框架，并基于此开发出相应的量表。

研究三通过封闭性问卷来测量各变量之间的关系。首先，研究三采用的量表是发表在国内外高水平期刊上的量表，具有较高的信度和效度。其次，研究三在进行大规模问卷调研之前，先进行了预调研。对预调研的结果进行探索性因子分析并对相关题项进行梳理，从而为大规模问卷调研打下坚实基础。在大规模问卷调研中，采用问卷调查法对一般消费者的品牌体验、品牌信任、品牌依恋和产品依恋进行测量，并对回收的数据通过 SPSS 19.0 和 AMOS 24.0 进行统计分析。

1.5　技术路线与结构安排

1.5.1　技术路线图

本书的技术路线如图 1-1 所示，通过从实践和理论两个方面提出本书的研究问题。在此基础上，通过文献梳理来提出本书的理论模型。之后通过三个子研究设计来验证本书的理论模型。研究一是探讨消费者对品牌的分类，研究二是探讨消费者对品牌信任的影响。其中研究一和研究二是研究三的基础。研究三先是通过预调研来对相关量表的信度和效度进行检验，之后通过大规模问卷调研来对本书提出的假设进行检验。最后，本书总结了研究结论，并对未来这个领域的研究进行了展望。

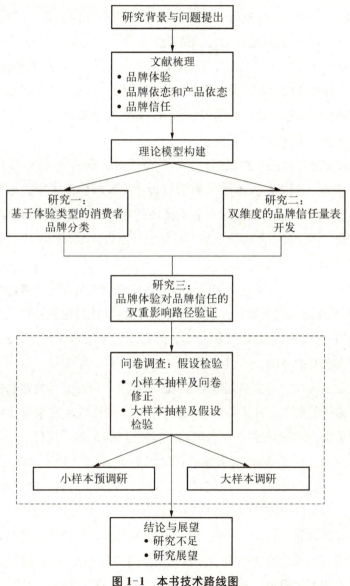

图 1-1　本书技术路线图

1.5.2 文章结构安排

本书结构安排如下。

第一章为绪论。本部分首先交代了论文的研究背景,包括理论背景和实践背景。随后对相关构念进行了界定,阐述了本次研究的意义,介绍了本书的主要研究方法,并对文章结构进行了简要的介绍。

第二章为文献综述。本部分首先对品牌体验的相关研究文献进行整理,主要涉及品牌体验的构念以及其影响和作用因素。其次对品牌依恋和产品依恋的文献进行了综述。最后对品牌信任的文献进行了系统梳理。在每一小节最后都对现有文献进行了简要评述。

第三章为理论模型和假设提出。本部分通过文献梳理,结合实践提出本书的理论模型。具体而言,本书认为消费者对品牌的感性体验会更多影响品牌依恋以及品牌情感信任;而消费者对品牌的理性体验会更影响产品依恋以及品牌认知信任。其中品牌依恋和产品依恋是品牌体验影响品牌信任的中介变量。

第四章是研究一。重点在于通过问卷调查来让消费者对品牌进行选择和筛选,主要是通过文献获取目前消费者常用的品牌,并对这些品牌进行感性和理性方面的分类。以期能建立研究二和研究三所需的行业池和品牌池,为后续研究打下坚实的基础。

第五章是研究二。主要是基于之前的研究进一步探究品牌信任的维度并开发品牌信任的量表。具体而言,本部分首先采用质性研究来对品牌信任的维度进行重构,在对回收的 100 份问卷进行质性研究之后,提炼出品牌认知信任和品牌情感信任双维度的品牌信任构念,在此基础上开发出合适的量表。之后,研究小组通过发放 200 份问卷对品牌信任的量表进行再测试和调整,得到大规模问卷调研所需要的品牌信任量表。

第六章是研究三的第一部分。本部分主要是阐述对研究三的整体设计以及对量表信度和效度的初步检验。首先对问卷调研的步骤进行总结,其次通过预调研对相关量表进行调整,为大规模问卷调研进行准备。

第七章是研究三的第二部分。基于研究三第一部分的研究结果,第二部分通过双样本的大规模问卷调研来对本书提出的模型进行检验。本部分首先对大规模问卷调研的数据进行了质量检测,之后对数据进行回归分析来验证本书的假设。

第八章是结论和研究展望。本部分通过前七章对理论模型的推演和验证,总结了本书的研究结论以及理论上和实践上的贡献。最后,研究者也指出了本书存在的不足之处,并对未来研究进行了展望。

2 文献和理论综述

2.1 品牌体验研究综述

2.1.1 体验的管理学定义

《现代汉语词典》(第7版)中对体验的定义是"通过实践来认识周围的事物;亲身经历。"从这一阐述可以发现,体验的前提是实践,这种实践激发了个体对事物的认知。体验是哲学、心理学、社会学、管理学以及教育学等诸多领域的学者关注的话题。由于本书关注的是品牌体验,故在此只对体验的管理学定义进行系统梳理。

Holbrook 和 Hirschman(1982)将"体验"引入营销学领域之后,体验就成为营销领域学者们热议的话题。多数学者认为,体验是消费者的主观状态,侧重于消费的象征意义以及消费者的享乐反应。因此,消费者的体验主要包含三个层面的含义:首先,消费者对产品有着情感上的体验;其次,消费者的体验是一种感知,在体验的过程中会融入消费者和产品的互动;最后,消费者的体验并非是截面式,而是纵向交互式,消费者进行产品和服务的体验过程会激发其对过去体验的回忆和怀念,而这种回忆和怀念也会进一步影响到当前的体验感受。

通过梳理之前的营销学文献,Fisk(1993)发现,现有研究主要是从三个角度来对体验进行探究:首先是在加入产品体验时探究消费者评价当前体验的方式;其次是探究消费者在产品和服务体验过程中的重要性;最后是探究消费者进行体验的环境。基于以上梳理,Fisk(1993)认为体验是消费者和产品之间的关系,并对体验做出了如下定义:体验是一种感知,这种感知与消费者对产品的满意度相关,同时也会影响顾客的忠诚度。

Grönroos(1987)认为体验是消费者精神层面的认知。这种认知会影响消费者对于商品的期望,也可以影响消费者对于商品的满意度。他从服务产品的角度去探讨消费者是如何感知服务产品的质量,结果发现,消费者对于产品的体验影响到消费者感知到的服务质量,基于此,Grönroos进一步构建了这一作用机理的过程模型。

Pine和Gilmore(1998)认为当前社会已经进入了体验经济时代。他们对体验给出了如下定义:体验是"当个体的情绪、体力、智力乃至于精神达到某一水平时,意识所产生的美好感觉",发生在"企业有意识地以服务为过程、以商品为道具,致力于为个体消费者创造难忘事件的时候"。他们认为在当前社会,体验已经从服务中被剥离出来,演变成为一种商品,故现代社会是体验的时代。

综合以上文献综述可以看出,现有学者对体验的定义基本都围绕着消费者和商品之间的关系,其共同点有如下几点:(1)体验是一种感知,存在于消费者的精神领域中,是消费者对产品在精神上的认知。(2)体验是一种从服务中剥离出来的商品。商家可以通过打造良好的体验来对消费者进行产品营销,据此形成体验营销。(3)体验多和消费者满意度或忠诚度结合在一起,探究体验营销的最终目的是要提高消费者的满意度以及忠诚度。

2.1.2 体验的代表性研究

通过体验的定义可以发现,体验是人们内心独有的感觉,因此体验是具有情感的,这种情感由体验所决定。心理学领域和管理学领域对感性体验进行了较为丰富的研究,本书从这两个学科领域出发,对现有文献进行梳理。

从心理学的研究来看,Carstensen和Pasupathi(2000)基于个体的生命跨度探究了人的感性体验。他们认为,人生不同阶段的情感体验存在显著的差异:在青少年时期的个体比老年人更能体验到消极的情感;但是,人们在衰老的时候却能和青年人一样有积极的情感体验。老年人比年轻人有更高的情感稳定性,同时在情感体验的复杂度上也不输于年轻人。此外,个体的感性体验不仅受到年龄和人生阶段的影响,还受到社会群体的影响。

从管理学的研究来看,旅游管理领域的学者对于旅客(消费者)情感体验的研究相对较多。黄潇婷(2015)对旅客的情感体验过程进行了研究。她采用香港海洋公园的案例,提出了"旅游情感路径(tourist emotional path,TEP)"的概念。这个路径揭示了旅客在旅途中产生情感体验的过程机理。旅客在旅途中会随着时间推移以及位置变化等而产生情感波动,这种波动会影响旅客的旅行体验,并进而影响旅游服务提供质量。

在市场营销领域,品牌的感性体验研究则方兴未艾。Rubel(2017)通过对马来西亚智能手机用户的使用情况来探究品牌感性体验维度(affective brand experience dimension)如何影响品牌资产,并开发了品牌感性体验的量表。研究发现,品牌感性体验对智能手机的品牌资产影响十分显著。

Kim和Chung(2011)通过对韩国低价化妆品的研究,将感性体验划分为触觉(sense)、空间情感(spatial environment emotion)、促销情感(sales promotion emotion)、销售人员情感(salesperson emotion)以及视觉/语言识别(visual/verbal identity)五个维度,并进一步发现感性体验对消费者的品牌满意度、品牌信任以及品牌依恋具有显著的影响。

总体而言,心理学领域的学者对感性体验的研究相对比较充分,在管理学领域中,除了旅游管理中对于感性体验的研究相对较多,在品牌领域直接研究品牌的感性体验的研究并不多见。表2-1总结了体验的代表性研究。

表2-1 关于"体验"代表性研究综述

作者	年份	定义
Fisk	1993	顾客体验是一种感知,这种感知会影响消费者对产品的满意度以及忠诚度
Grönroos	1987	体验是消费者精神层面的认知。这种认知影响消费者对商品的期望,也影响到消费者对于商品的满意度
Holbrook和Hirschman	1982	体验是消费者的主观状态,侧重于消费的象征意义以及消费者的享乐反应

续 表

作 者	年 份	定 义
Pine 和 Gilmore	1998	体验是当个体的情绪、体力、智力乃至于精神达到某一水平时,意识所产生的美好感觉
Carstensen 和 Pasupathi	2000	人一生不同阶段的情感体验不完全一样
黄潇婷	2015	提出了"旅游情感路径"的概念。这个路径揭示了旅客在旅途中产生情感体验的过程机理 旅客在旅途中会随着时间推移以及位置变化等而产生情感波动,这种波动会影响旅客的旅行体验,进而影响旅游服务提供质量
Rubel	2017	对马来西亚智能手机用户的研究,发现品牌感性体验维度 对品牌资产有正向影响
Kim 和 Chung	2011	发现情感体验对消费者的品牌满意度、品牌信任以及品牌依恋有显著的影响

资料来源:作者整理。

2.1.3 品牌体验的定义和维度划分

1. 顾客体验

顾客体验是基于顾客满意度这一构念延伸而来,是基于消费者对产品的认知而产生,主要反映的是对商品的评价、感觉以及满意度(Mano,1993)。顾客体验主要分为产品评价(product evaluation),对于产品的情感(product elicited affect)以及产品满意度(product satisfaction)三个方面的内容。

Novak(1999)基于网络平台对顾客体验的概念和维度进行探究,认为顾客体验是顾客和平台之间的互动。同时他也对影响顾客体验的因素做了一系列研究,发现在网络平台上产生的顾客体验和不在网络平台上产生的顾客体验有区别:网络平台上的顾客,体验到更多与趣味(fun)、再创造(recreation)以及探索性使用(experimental use)相关的情感。

Thompson(1989)将存在现象学(existential phenomenology)的方法引入顾客体验的研究中。他认为之前的消费者行为学家"忽视了体验的研究",并进一步指出顾客体验并不完全等同于顾客认知和反应模式。

范秀成(2001)认为顾客体验是打造品牌价值的关键。他认为顾客体验是"顾客对服务的具体感受和经历,是决定品牌含义进而决定品牌权益的关键因素"。体验是一种客观的心理需要,消费者获取服务的同时也满足了内心的需求。

李艳娥(2010)认为顾客体验可以从多个角度进行定义。从经济学上讲,顾客体验是一种物品;从心理学上讲,顾客体验是顾客的感知和感受;从管理学上讲,顾客体验是顾客对企业所提供的产品和服务的反应。

基于以上分析,顾客体验是一个跨学科综合背景的构念,横跨经济学、管理学、心理学等诸多学科,每个学科对其定义都各有不同。顾客体验的具体内容取决于顾客购买的对象及相应的环境。顾客所处的环境不同,对顾客体验的定义也存在一些差别。

2. 品牌体验的定义

Schmitt 是品牌体验领域的研究先驱。Schmitt(1997)提出"SOOP Brand"这个概念。所谓"SOOP"是指"要肤浅不要深奥(superficial out of profundity)"。Schmitt 认为,品牌是带有体验的(experimental brand),品牌对消费者而言是带有人格化的伙伴。他将体验型品牌划分成三种:情感型(sense)、感觉型(feel)以及思考型(think)。Schmitt(2009)在《品牌管理学报》(*Journal of Brand Management*)上发表了一篇评论来阐述品牌体验。他在文中说明了品牌体验的概念是"消费者内在的,带有服从性的情感和行为上的反应。这种反应是由品牌的设计、形象、社区以及环境所激发的"。他们认为品牌体验具有三个维度,分别是精神体验(sensation)、感觉体验(feeling)和认知体验(cognition)。

Brakus 和 Schmitt(2009)进一步探究了品牌体验的维度,发现品牌体验的维度分为四个维度:精神体验(sensory)、情感体验(affective)、智力体验(intellectual)以及行为体验(behavior),并开发了品牌体验的量表,检验了该量表的信度和效度。

Chattopadhyay(2005)认为品牌体验是消费者和品牌之间的联系,包括品牌体验点和品牌体验份额。他们开发了一种工具,让营销人员能够以最低的成本给顾客传递品牌体验,同时能够使顾客接收到的品牌体验最大化。

　　Mascarenhas(2006)的研究证实,打造好的品牌体验是提高顾客忠诚度的关键战略。Mascarenhas认为,好的顾客体验是积极向上的,可以满足顾客的社会需要,并能够带给顾客参与感。这种体验包含在顾客购买商品的整个流程之中,可以激发顾客和商家之间的互动。Mascarenhas认为品牌体验具有如下三个维度:物理属性介入力矩(physical moments),情感介入力矩(emotional involvement moments)和价值主张介入力矩(value chain moments)。

　　张振兴和边雅静(2011)认为品牌体验是"由企业创造的与其品牌相关的刺激物所引发的消费者的感知、态度、认知、情感以及其他反应等,与品牌相关的刺激物包括产品、品牌设计、包装、销售人员、购买环境以及相关经历等,品牌体验贯穿于消费的搜寻、购买、使用等各个阶段"。他们认为品牌体验的维度有五个,分别是感官体验、情感体验、思考体验、关系体验和道德体验。

　　吴水龙(2009)认为品牌体验是顾客在与品牌接触或使用过程中对一系列与品牌相关事件的积累。他们认为品牌体验是基于消费者和品牌之间的沟通而产生的经历,同时这些经历会映入消费者的脑海中从而形成记忆,对之后的品牌认知有所影响。

　　基于以上综述,品牌体验的定义大多从心理学上的体验和传统营销学上的顾客体验角度出发。而很多学者通过顾客体验定义来对品牌体验进行定义,这并不妥当,主要表现在品牌体验跟传统意义上的顾客体验不同,有其自身的特殊性。首先,品牌体验和顾客体验的主体虽然相同,但客体并不相同。顾客体验是指顾客对于产品、品牌或服务等其他商品进行的体验,而品牌体验只关注顾客对品牌的体验。因此,就体验的客体而言,品牌体验比顾客体验更为具体和精准。其次,两者的发生阶段有差异。顾客体验发生在顾客购买商品的时候,而品牌体验可以发生在顾客购买商品之前,顾客购买商品之中以及顾客购买完商品之后。换言之,顾客体验的时间短,而品牌体验的时间长。再次,品牌体验的范围比传统顾客体验要小。虽然品牌体验具有产品体验和情感体验的一些特点,但体验的范围比顾客体验要小,是顾客体验的具体延伸;

既包括产品自身又包括情感,同时也包括品牌本身的设计、形象、审美等一系列具体的体验。表 2-2 总结了现有学者对顾客体验和品牌体验的代表性研究。

表 2-2 顾客体验和品牌体验的定义和维度研究

作者	年份	定义	维度	方向
Mano	1993	顾客体验从顾客满意度这个构念延伸而来,是基于消费者对产品的认知而产生的对商品的评价、感觉以及满意度	三维度	顾客体验
Novak	1999	顾客体验是一种互动	三维度	顾客体验
Thompson	1989	顾客体验是并不完全等同于顾客认知和反应模式	单维度	顾客体验
范秀成	2001	顾客对服务的具体感受和经历,是决定品牌含义进而决定品牌权益的关键因素	单维度	顾客体验
李艳娥	2010	从经济学上讲,顾客体验是一种物品;从心理学上讲,顾客体验是顾客的感知感受;从管理学上讲,顾客体验是顾客对企业相关活动的反应	单维度	顾客体验
Schmitt	1997	品牌是带有体验的品牌,对于人们来说应该是带有人格化的伙伴	三维度	品牌体验
Brakus 和 Schmitt	2009	消费者内在的,带有服从性的情感和行为上的反应。这种反应是由品牌的设计、形象、社区以及环境所激发的	四维度	品牌体验
Chattopadhyay	2005	品牌体验是消费者和品牌之间的联系,包括品牌体验点和品牌体验份额	单维度	品牌体验
Mascarenhas	2006	好的顾客体验是积极向上的,可以满足顾客社会需要,能够带给顾客参与感的情感体验	三维度	品牌体验
张振兴和边雅静	2011	由企业创造的与其品牌相关的刺激物所引发的消费者的感知、态度、认知、情感以及其他反应等	五维度	品牌体验
吴水龙	2009	品牌体验是顾客在与品牌接触或使用过程中对一系列与品牌相关事件的积累	单维度	品牌体验

资料来源:作者整理。

2.1.4 品牌体验的影响结果

Ha 和 Perks(2005)认为品牌体验影响消费者满意度、品牌熟悉度和品牌信任之间的关系。基于消费者对网站的使用,两位学者对品牌体验的影响进行了探讨,构建了关于品牌熟悉度、消费者满意度和品牌信任这几个因素的作用模型,见图 2-1。

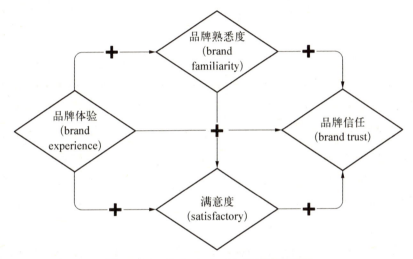

图 2-1 Ha 和 Perks(2005)品牌体验模型

Ha 和 Perks(2005)从认知视角切入,研究了品牌体验和品牌信任之间的关系,发现品牌体验正向影响品牌熟悉度,消费者满意度以及品牌信任。而品牌熟悉度和消费者满意度也正向影响品牌信任。

Iglesias(2011)认为品牌体验可以导致品牌忠诚。品牌体验可以导致消费者的情感承诺,情感承诺进一步影响消费者的品牌忠诚。消费者对品牌的体验使得消费者产生情感上的反应,对品牌产生满意感,进一步导致消费者对于品牌的情感承诺。消费者的情感承诺是品牌忠诚的前置变量,故品牌体验通过情感承诺对消费者的品牌忠诚产生正向影响。

Morrison(2007)认为服务品牌体验积极影响服务品牌忠诚度。通过建立消费者和服务品牌之间的情感联系可以提升消费者的品牌体验,同时也可以提高消费者对于服务品牌的满意度和忠诚度。为保持消费者对服务的积极态度，将服务从产品转化成为体验十分关键。因为当服务转变成商品之后，服务销售的是体验而不是服务本身。因此，品牌体验是品牌忠诚的前置变量。

Ong(2015)将基于情感的信任作为中介变量，研究品牌体验对品牌忠诚的影响。Ong将品牌忠诚划分为两个维度：态度忠诚和行为忠诚。作者从情感视角切入来解释品牌体验和品牌忠诚度之间的作用机理，品牌体验积极影响消费者对这一品牌的情感信任，而情感信任进一步影响到消费者的态度忠诚和行为忠诚。

Lee 和 Soo(2012)的研究证实消费者对品牌的体验能够积极地提高其与品牌关系的质量(brand relationship quality)。品牌关系质量是衡量消费者和品牌之间关系的深度和稳定程度的构念，而优秀的品牌关系质量可以减少消费者对品牌的不确定性(uncertainty)、转换成本(transaction cost)，提升交流效率(interaction efficiency)和社会需求满足(social need fulfillment)。他们将品牌关系质量分为信任维度和承诺维度，并进一步探讨品牌体验如何影响品牌关系质量。虽然文章最后的落脚点仍然在品牌忠诚上，但研究重心转变到消费者—品牌关系上。

Eliane(2014)在 Lee 和 Soo(2012)的研究基础上进一步研究了品牌体验对品牌忠诚的影响。Eliane同样从品牌-消费者关系视角切入，探究消费者的品牌体验如何影响品牌关系质量，并进一步影响消费者的品牌忠诚度。结果证实，积极的品牌体验能够促使品牌关系质量改善，而积极的品牌关系质量能够促使消费者对品牌更加忠诚。

吴水龙和刘长琳(2009)通过研究品牌体验和品牌忠诚之间的关系，提出品牌社区是这一机制的中介变量。他们将品牌社区划分为四个维度：消费者-产品、消费者-品牌、消费者-公司和消费者-消费者，证实品牌体验对于品牌社区的创建具有至关重要的作用。并且，品牌体验的五个维度对形成品牌社区的重要性排序依次为：关联体验、行动体验、情感体验、感官体验、思考体验。两位学者进一步证实，品牌社区的构建积极影响消费者的品牌忠诚度。

李启庚和余明阳(2011)从消费者行为角度对品牌体验的结果变量进行探

究,阐明了品牌体验对品牌资产的影响过程机理。他们认为品牌体验对品牌资产有显著的积极影响。文章将卷入程度和购买经历作为调节变量,发现卷入程度和购买经历影响了品牌体验价值和品牌资产之间的关系。

基于以上梳理,对品牌体验作用结果的研究分为认知角度和情感角度两条主线。从情感角度来讲,现有学者开始逐渐关注品牌体验对品牌信任的影响,但相关研究尚不充分。而从认知角度而言,现有学者关注的焦点主要是品牌体验对品牌忠诚度的影响。整体来讲,现有学者对品牌体验的结果变量研究相对比较单一,绝大部分是探讨品牌体验对品牌忠诚度的影响。此外,现有学者对品牌体验和品牌忠诚度的机制研究是多角度的。这些角度既涉及消费者的情感,又包含消费者的认知以及行为,多角度的研究说明现有学者对品牌体验和品牌忠诚度的研究已经较为丰富了。

表 2-3 品牌体验的影响结果的代表性研究

作者	年份	影响结果	研究方向
Ha 和 Perks	2005	品牌体验影响消费者满意度、品牌熟悉度和品牌信任之间的关系	品牌信任
Iglesias	2011	品牌体验可以导致消费者的情感承诺,进而影响消费者的品牌忠诚	品牌忠诚
Morrison	2007	服务品牌体验是实现服务品牌忠诚的重要渠道	品牌忠诚
Ong	2015	基于情感的信任作为中介变量去研究品牌体验对品牌忠诚度的影响	品牌忠诚
Lee 和 Soo	2012	品牌关系质量可以促进消费者和品牌间的关系	消费者-品牌关系
Eliane	2014	品牌体验能够改善品牌关系质量,而积极的品牌关系质量能够使得消费者对于品牌更加忠诚	品牌忠诚
吴水龙和刘长琳	2009	通过研究品牌体验和品牌忠诚之间的关系,提出品牌社区是这一机制的中介变量	品牌忠诚
李启庚和余明阳	2011	品牌体验价值是研究品牌资产的重要前置变量	品牌资产

资料来源:作者整理。

2.2 品牌依恋

2.2.1 依恋和依恋理论

1. 依恋

通过词源学,可以发现依恋的本意是"连接,粘连,附着"。同时《现代汉语词典》对于依恋的解释是:① "依恋"用在名词前面多表示"留恋""舍不得离开"等意思,如"依恋家乡的山山水水";② 用在名词后面则表示"依靠""依赖"等,如"看得出,他对那份工作是多么依恋"。虽然依恋有其本身的字面意思,但是依恋自从在学界中诞生就是心理学的构念,很多心理学家对依恋有着自己的解释。

Dwayne 和 Tasaki(1992)通过对于自我的界定来理解依恋。他们提出,依恋是一种程度,这种程度是通过人们去持有,或者是希望通过拥有的物品来彰显自我概念的程度。他们将心理学中的"自我"概念划分为四个维度:① 宣扬的自我;② 公众的自我;③ 私人的自我;④ 集体的自我。通过阐述这四个维度的定义,来界定依恋这个构念。

Collins 和 Read(1990)也是通过自我的概念对依恋进行界定。他们在借鉴前人依恋定义的基础上,去开发自己的依恋测量量表和依恋的维度。他们认为依恋还是跟人们的自我概念有关系,是人们通过对于外在的联结依赖来彰显自身。

Hazan 和 Sheaver(1987)认为浪漫的爱是依恋的一部分。他们认为,依恋主要是通过社会经验来塑造并形成不同的关系。虽然爱有很多种形式,但是爱可以解释依恋,并且爱是依恋的主要组成部分。因为他们认为依恋并没有提供一个完整的框架去鉴别什么是"健康"的爱,什么是"不健康"的爱。

可以看出,依恋主要表示的是一种情感上的联结,是人对人或事的一种留恋,或者是情感上的依靠。联结性是依恋的主要内容。同时,依恋是人的一种本能情感，是天生的。刚出生的婴儿即体现出依恋的情感。事实上，学者们是通过研究婴儿和儿童才开始关注依恋这一构念，而研究证实，刚出生的婴儿对于母亲具有"依恋"这种情感联结。依恋从婴儿阶段就产生，并且伴随人们的一生，是个体天生就具备的一种情感素质。此外，依恋和自我概念相关。依恋和自我概念高度相关，主要表现在人们对于物品的占有，对于不拥有物品的渴望等，因为物品可以直接反映人们的自我：人们喜欢和自我相匹配的物品。

依恋作为一种心理上的名词被心理学家广为关注。心理学家根据依恋发展出来依恋理论，将依恋拓展成为一种理论，用来解释人们情感上的这种"相互联结"之间的联系。

2. 依恋理论

依恋理论最早由英国的精神分析师 Bowbly 提出。Bowbly 最早在 1944 年对 44 名少年小偷的研究激发了他对与母子关系的研究。而之后 Bowbly(1969)在关于依恋的三部著作中首先提出了依恋理论，他在书中叙述了婴儿和母亲之间的关系。他认为，人们在婴儿期间，母亲的短暂离开会导致婴儿的不适和不愉悦。而长期缺乏母亲的婴儿则会在日后造成人格或者是其他方面的缺陷。而他同时认为，依恋并不是由母亲对于婴儿的喂食产生的，而是存在于整个生命系统里。在婴儿阶段最为明显。婴儿会借助父亲母亲来实现对周围的探索，如果缺失了双亲，这些无助的婴儿就会死亡。Bowbly 对于依恋的研究是最原始的，他只是粗浅地阐述了婴儿和母亲之间的关系，而并没有细致入微的去探讨依恋本身。但是依恋理论本身是具有划时代意义的，所以激起了后来学者对于母子关系研究的强大兴趣。

Ainsworth(1969)通过实验来对母子关系进行研究。通过实验观察，Ainsworth 拓展了依恋理论，将依恋分为三类：① 安全型依恋。处于这种依恋状态的婴儿会在母亲陪伴的状态中会与母亲进行良性互动，比如会对母亲打招呼以及进行微笑等等，但是对母亲短暂离开会深感不舒适，并在母亲离开时有激烈的反应。在母亲回来之后，这种反应就会逐渐平复，恢复到以往的之前有母亲陪伴的状态中。② 不安全-回避型依恋。处于这种依恋类型的婴儿会对父母麻木，多表现在父母离开的时候，婴儿多半没有什么刻意表现，而在父母回来之后,婴儿却逃避与父母的肢体接触。这种类型的依恋关系多半展现的是婴儿的警戒状态,他们对至亲和陌生人都十分的警觉。③ 不安全-矛盾型依恋(又称反抗型依恋)。处于这种依恋状态下的婴儿会对父母的离开有较强的反应。他们通常大吵大闹,不停地扭动身体,通过较强的动作来表达自己的不满。在父母回来的时候,这种"悲伤"却久久不能平复,他们愤怒地反抗父母的安慰。但是当父母停止安慰并远离的时候,他们又会不自觉地回到父母身边去寻求安慰。

虽然 Ainsworth(1979)最早提出依恋的分类,但是这种分类显然没有全部概括依恋的类别。在这之后,学者们又对依恋的分类进行了进一步的研究。Main(1991)又增加了第四种依恋种类:"不安全-混乱型依恋"。处于这种依恋类型的婴儿既有回避型成分又有矛盾型成分。他们时而对父母表现出防御和警戒,时而又显示出"呆滞",时而情感丰富,时而十分冷漠。处于这种依恋模式的婴儿通常会陷入无法解决的冲突之中,他们通常会显得十分焦虑。在日后的研究中还补充了一种依恋类型,则是无依恋。这种类型的婴儿通常并没有和父母形成"依赖"型的情感纽带,多半是因为这些婴儿长期被机构所抚养,或者是照顾者对他们的照顾十分不周到。多项研究表明,无依恋的婴儿在成长的过程中会出现认知障碍。表 2-4 总结了现有学者对依恋的分类。

表 2-4 依恋的分类

依恋的类型	定义
安全型依恋	婴儿在母亲陪伴的状态中会与母亲进行良性互动
不安全-回避型依恋	婴儿对父母麻木
不安全-矛盾型依恋	婴儿对父母的离开有极大的反应
不安全-混乱型依恋	婴儿既有回避型成分又有矛盾型成分
无依恋	婴儿通常并没有和父母形成"依赖"型的情感纽带

资料来源:作者整理。

3. 依恋理论的发展

如前所述,依恋理论最早是基于 Bowbly 对于母婴关系的研究而得出,故依恋早期研究关注的是婴儿对成人的情感依恋。但在随后依恋理论的发展中我们可以看出,依恋理论不仅仅局限在母婴关系中,而是将依恋对象的范围进行了扩大,同时也从定性分析转变成为实证分析。依恋理论的发展可以用图2-2来描述。

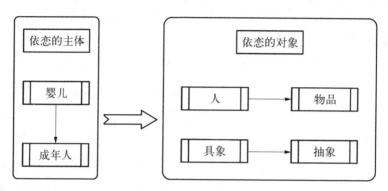

图 2-2 依恋理论的发展

资料来源:作者整理。

(1) 依恋对象的扩展。依恋理论最早是对于母婴关系的研究(Bowbly, 1979; Ainsworth, 1979)。在随后的发展中,开始将依恋的对象从人变成了物品。

Weiss(1982)将依恋的主体从婴儿扩展到成人。他通过心理学视角的相关研究,探讨了成年人生活中的社会网络对与依恋理论的影响。他提出社会网络给成年人带来支撑,而支撑会使得成年人对亲人或者是伙伴都产生依恋。Weiss发展了依恋理论,对依恋理论的对象进行了扩展。

虽然对依恋的对象从婴儿扩展到了成人,但还是跳不出依恋对象是"人"的范畴。后续的研究开始将依恋的对象进行物化,并逐步将依恋的对象从实体的物品扩展到抽象的事物,比如品牌。

Klein(1989)对依恋的概念和适用对象重新做了自己的阐述并认为依恋理论可以应用到人们对物品的情感上。他认为人们对于实体物品的占有是人们为了彰显自我,彰显自己的个性,从这个方面来讲,人们可以对物品具有依恋的情感。基于此,Klein指出,依恋理论可以被营销和市场学家应用到消费者行为领域。

Wallendorf 和 Arnould(1988)通过调查和相片,来研究历史和文化如何影响到人们对自身喜爱事物的依恋。他们首先区别了对物品的依恋是不同于对人的依恋的,尤其是对自己喜爱对象的依恋完全不同于其他的依恋。他们还发现文化对依恋有一定的影响。在美国,文化对于依恋的影响主要表现在人们会保存照片来对自身的经验进行怀念。

Methta 和 Belk(1991)通过研究不同文化下人们占有的物品对于移民的影响。他们说明,人们对于自己喜爱的并占有的物品是自我概念的延伸,并以此为准产生依恋。大量的外来移民会在家中放置自己家乡的东西,比如来自家乡的艺术品、水壶等等。人们对于这种物品的依恋将有利于稳定自身的情绪。

(2) 依恋对象的抽象化。从之前的研究可以看出,人们对于依恋对象已经从人到物品,但是具体在以"物品"为依恋对象的时候,还局限在实体物品中,而往后的研究开始对依恋的对象从实体物品转化成为抽象的构念。

Arnould 和 Price(1993)通过对消费者在科罗拉多河流上经历的研究,提出人们也可以对自身的经历产生依恋。消费者的旅游经历带给消费者美好的回忆,通过对这些经历的回忆,消费者会对其产生情感上的依恋。

除对个人经历的依恋之外,对于品牌等抽象事物,消费者也会产生依恋。Schouten 和 Alexander(1995)探讨了消费行为等因素对消费者品牌依恋程度的影响。文中提出消费行为、产品品类和品牌显著影响了消费者的黏合度,对消费者的行为带来了较大的影响。表 2-5 总结了现有学者关于依恋理论研究的发展和演进过程。

表 2-5 依恋理论的演进

作 者	发展类型	文 献	内 容
Weiss	依恋的对象的扩展	Attachment in Adult Life (1982)	依恋的主体从婴儿扩展到成人
Klein	依恋的对象的扩展	These Are a Few of My Favorite Things: Toward an Explication of Attachment as a Consumer Behavior Construct(1989)	依恋理论可以应用到人们对物品的情感

续　表

作　者	发展类型	文　献	内　容
Wallendorf 和 Arnould	依恋的对象的扩展	"My Favorite Things": A Cross-Cultural Inquiry into Object Attachment, Possessiveness, and Social Linkage(1988)	对物品的依恋不同于对人的依恋
Methta 和 Belk	依恋的对象的扩展	Artifacts, Identity, and Transition: Favorite Possessions of Indians and Indian Immigrants to the United States(1991)	人们对于自己喜爱并占有的物品是自我概念的延伸,并以此为准产生依恋
Arnould 和 Price	依恋对象的抽象化	River Magic: Extraordinary Experience and the Extended Service Encounter(1993)	人们也可以对自身的经历产生依恋
Schouten 和 Alexander	依恋对象的抽象化	Subcultures of Consumption: An Ethnography of the New Bikers(1995)	消费行为、产品品类和品牌影响了消费者的黏合度,消费者基于此产生品牌依恋

资料来源:作者整理。

2.2.2　品牌依恋

通过对依恋理论的梳理可知,依恋理论不仅仅是阐述母婴关系的心理学概念,也可以放到品牌领域,阐述消费者和品牌之间的关系。相比起依恋理论在心理学领域的发展,其在市场营销领域中的探究起步较晚。

1. 品牌依恋的含义与维度

Park(2006)对品牌依恋的含义做了明确的界定。他认为品牌依恋是消费者自身和品牌之间的认知和情感联结强度。这个含义认为消费者对品牌产生依恋是因为消费者认为这种品牌是"自我概念的延伸",并且这个构念将依恋的对象从人转变到品牌,将品牌与自我的构念结合起来。他认为品牌依恋是单维度的。

Schultz(1989)提出品牌依恋是消费者对品牌多维度的占有,这种占有表现出来的是一种在消费者自身和依恋对象之间的联结程度。他认为品牌依恋具有三个维度：第一个维度是个人（individuation），第二个维度是整合（integration），第三个维度是时间导向（temporal orientation）。

Ball 和 Tasaki(1992)认为品牌依恋是消费者期待占有品牌，这种期待包括对现在占有的、过去占有的还有未来可能占有的期待。消费者之所以想占有品牌，是因为此种品牌可以维持消费者的自我概念（self-concept）。他们认为，品牌依恋具有两个维度，包括个人的公共面和个人的私人面。因为对于消费者来说，对外展现的是自己的个人的公共面（public facet of self），而同时消费者也存在自己的私人面（private facet of self），而这两种层面都对消费者的行为产生影响。

Trinke(1993)认为品牌依恋具有四个维度：第一个维度是安全拥有（safe haven），第二个维度是安全基础（secure base），第三个维度是情感纽带（emotional tie），第四个维度是对于失去的痛苦（mourning the loss）。这四个维度构成了消费者的品牌依恋构念。并且 Trinke 认为品牌依恋是有等级划分的，虽然之前对于依恋的研究是认为同时依恋的对象只能有一个，但 Trinke 认为人们可以同时依恋多个对象。

Hoegg(2014)认为品牌依恋是消费者对品牌有一种正向的、热情的情感联结。他认为品牌依恋是描述消费者与品牌之间的关系的，是消费者对于品牌的正向情感联结。消费者可以将对人的情感联结转移到对事物上，转移到品牌上也是必然。同时，他认为品牌依恋是单维构念。

Thomson, MacInnis 和 Park(2005)对品牌依恋的定义如下：依恋是人们天生的情感，一开始产生在婴儿对母亲的情感之上，然而这种情感联结可以转移到人们对物品的情感之上。因此，人们对与品牌的情感联结就是人们对品牌的依恋。他们认为人们对于品牌依恋可以在依恋强度上进行变化。他们认为品牌依恋分成三个维度：情感、激情和纽带。

Thomson(2013)认为品牌依恋是一种强有力的关系。这种关系一开始出现在婴儿对母亲身上，尔后随着人们的成长逐渐转移到物质上，比如对品牌关系上。当人们对品牌产生依恋时，会认为这种品牌不仅跟其他品牌不同，也是不可替代的。他认为品牌依恋是单维度的。

Jahn(2012)认为品牌依恋反映了消费者和品牌之间的关系。他认为品牌依恋的构成维度有四个：自我概念联结、同伴质量、信任以及承诺。这四个维度构成了品牌依恋的同时，也揭示了品牌依恋的作用机制。

Fournier(1998)从关系角度对消费者和品牌之间的关系做了相关的阐述。他将品牌看成是关系的伴侣，并通过人类学角度来分析消费者和品牌之间的关系。他认为消费者在精神上占据了品牌，并且品牌反映了消费者的情感、思想以及人格品质。从而，消费者可以对品牌产生依恋的情感。

从表2-6对相关文献的梳理中可以看出，学者们对于品牌依恋的定义是大致相当的，主要包含以下几个要素：① 品牌依恋构念的重点是在依恋上。依恋是心理学构念，而品牌依恋则是将依恋从心理学研究领域发展到市场营销学研究领域。② 品牌依恋是描述消费者和品牌之间的关系的一个构念。消费者对于品牌产生一种依恋的关系是品牌依恋的主要内容。③ 品牌依恋是消费者情感层面的构念。消费者的品牌依恋是一种积极正向的情感，是消费者将对于母亲的依恋扩展到对物品的依恋。这种情感是自然的、天生的。本书将依恋定义为消费者和品牌之间的情感关系，是消费者天生的一种感情，这种感情可以给消费者带来积极的状态。本书将品牌依恋作为单一维度构念。

表2-6 品牌依恋的定义和维度

作者	年份	定义	维度
Fournier	1998	消费者在精神上占据了品牌，并且品牌反映了消费者的情感，思想以及人格品质。从而，消费者可以对品牌产生依恋的情感	单维度
Park	2006	品牌依恋是消费者自身和品牌之间的认知和情感联结强度	单维度
Thomson	2013	品牌依恋是一种强有力的关系。最开始出现在婴儿对母亲的身上，随着人们的成长，将这种关系转移到物质上，比如对于品牌的关系上	单维度
Hoegg	2014	品牌依恋是消费者对品牌有一种正向的，热情的情感联结	单维度

续表

作　者	年份	定　义	维　度
Ball 和 Tasaki	1992	品牌依恋是消费者期待占有品牌,这种期待包括对现在占有的,过去占有的还有未来可能占有的期待	两维度
Thomson、MacInnis 和 Park	2005	人们对品牌的情感联结就是人们对品牌的依恋	三维度
Schultz	1989	品牌依恋是指对于品牌多维度的占有,这种占有表现出来的是一种在消费者自身和依恋对象之间的联结程度	三维度
Trinke	1993	品牌依恋是有等级划分的,此外人们可以同时依恋多个对象	四维度
Jahn	2012	品牌依恋反映的是消费者和品牌之间的关系	四维度

资料来源:作者整理。

2. 品牌依恋的影响因素和作用结果研究

很多学者对品牌依恋的研究关注哪些因素导致了消费者的品牌依恋,以及消费者产生的品牌依恋对其行为又产生哪些影响。因此,探究品牌依恋的前因变量和结果变量的研究是品牌研究领域的重点。

(1) 品牌依恋的作用结果梳理。Morgan 和 Hunt(1994)认为信任是对同伴依赖和诚恳感的感知,这些定义强调了信任的信心和依赖感的重要性。也就是说,信任存在与两个互相有情感的同伴之间,是对品牌喜爱感的结果。顾客的爱恋导致顾客对品牌的满足感(Carrol and Ahuvia, 2006),增强了他们对于品牌关系的信心,进一步认为品牌是可以依赖的。换言之,顾客对品牌的依恋导致了顾客对品牌的信任。

Alexander 和 Park(2008)探讨了品牌依恋对于品牌延伸的影响。他们将消费者对于品牌延伸的评价行为分成了两个步骤:第一步是评价品类,第二步是评价情感转移。他们进一步发现品牌依恋在消费者对品牌延伸的行为之中扮演了较为独立的作用。

Park, MacInnis 和 Priester(2010)探讨了品牌依恋和品牌态度的强度对品牌资产的不同影响。文章先将品牌依恋和品牌态度的强度做了概念上的对比,然后提出品牌依恋更能反映消费者的行为。在消费者的消费倾向上、实际消费行为上,以及在市场中的消费者消费份额和需求份额上,品牌依恋比品牌态度强度有更强的解释力,从而得出打造消费者对品牌的依恋可以有效提高品牌资产的结论。

Thomson,Whelan 和 Johnson(2012)探讨了品牌依恋类型对于消费者的反品牌反应(anti-brand reaction)的影响。文章将依恋类型分为焦虑型依恋(anxiety)和逃避型依恋(avoidance)两种类型,这两种依恋一方面各自影响消费者的反品牌反应;另一方面也共同影响消费者的行为。由此可以看出品牌依恋对于消费者的行为影响较强。

Loureiro,Ruediger 和 Demetris(2012)认为品牌依恋可以导致信任。对品牌的喜爱会强化消费者持续维护同这一品牌关系的意愿,且会增强消费者对品牌的信仰,进而产生对品牌的信任。

周健明和邓诗鉴(2015)对品牌依恋的影响结果进行了研究。研究显示,品牌依恋通过品牌忠诚对消费者的消费惯性产生正向影响。品牌依恋会积极影响品牌忠诚,同时品牌忠诚又会积极影响消费者的购买行为。

蒋廉雄和冯睿(2015)研究了品牌依恋和消费者创新性如何影响消费者的购买意向。他们将消费者购买意向分为品牌内购买意向和子品牌化新产品的购买意向。研究显示,高创新性-低品牌依恋的消费者会对新产品有更多的购买意向。

综合以上梳理(见表2-7),当前研究的热点聚焦于消费者的品牌依恋对于消费者行为的影响,探究品牌依恋如何提升品牌忠诚度和提高品牌资产。相比之下,有关品牌依恋对品牌忠诚度的细化研究较为罕见,而区分品牌依恋对不同维度的品牌忠诚有何影响对于指导企业实践至关重要。从另一个角度来看,品牌依恋的作用结果都是与消费者的认知和心理相关,而这种认知和心理都是从相对"稳定"和"高质量"的消费者-品牌关系出发。品牌信任作为描述这种"稳定"消费者-品牌关系的变量之一,依恋也同时会对品牌信任产生影响。

表 2-7　品牌依恋的影响结果研究梳理

作者	年份	影响结果	研究方向
Morgan 和 Hunt	1994	消费者对品牌的喜爱导致消费者对品牌的信任	品牌信任
Carrol 和 Ahuvia	2006	品牌依恋对品牌信任产生影响	品牌信任
Alexander 和 Park	2008	品牌依恋对品牌延伸步骤的影响较强	品牌延伸
Park,MacInnis 和 Priester	2010	品牌依恋和品牌态度的强度对于品牌资产的影响不同	品牌资产
Thomson,Whelan 和 Johnson	2012	品牌依恋类型对于消费者的反品牌反应的影响	消费者-品牌关系
Loureiro,Ruediger 和 Demetris	2012	品牌依恋对品牌信任产生影响	品牌信任
周健明和邓诗鉴	2015	品牌依恋积极影响品牌忠诚,并进一步影响消费者的购买行为	品牌忠诚
蒋廉雄和冯睿	2015	品牌依恋和消费者创新性如何影响消费者行为	消费者行为

资料来源:作者整理。

(2) 品牌依恋的影响因素梳理。Vlachos 和 Vrechopoulos(2012)以零售店为载体,探讨了影响消费者依恋情感的因素。文章表明,零售店形象(retail store image)所感知到的可转换价值(perceived transaction value)和企业的社会责任(corporate social responsibility)对于打造消费者的依恋情感有十分显著的影响。

Grisaffe 等人(2010)系统地探讨了消费者品牌依恋的前置变量。文章所提出的模型如图 2-3 所示。

由图 2-3 可知,Grisaffe 和 Nguyen 对品牌依恋前置变量的梳理十分清晰,主要包括两个方面:第一个方面是市场和顾客,作者提出超市场人格、传统的顾客结构和顾客驱动利益是市场和顾客方面的品牌依恋的前置变量;第二个方面则是情感和社会角度,作者提出情感记忆和社会化是品牌依恋的前置变量。

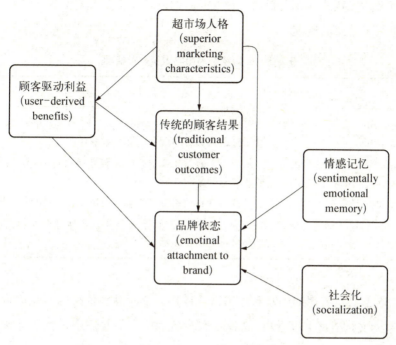

图 2-3 Grisaffe 和 Nguyen 的品牌依恋前置模型

Malär 和 Krohmer(2011)探讨了消费者形成品牌依恋的过程。文章提出品牌个性(brand personality)和消费者自我概念的匹配程度影响品牌依恋。通过对 2 309 名消费者关于 167 个品牌的依恋程度进行的调研,证实自我的一致性(self-congruence)对消费者的品牌依恋影响程度最大。

Orth 和 Limon(2009)提出由商店激发的情感(store-evoked affect),个人个性(human personality)以及品牌个性对消费者的品牌依恋产生影响。文章表明,在积极的环境中,消费者就会拥有强势的品牌依恋关系,同时这种情况也会发生在消费者占据了品牌的积极个性时。

通过以上文献梳理可知,当前学者对消费者品牌依恋的影响因素研究是从两个方面来进行的:① 从品牌自身角度,探究品牌个性、品牌价值、品牌形象等一系列品牌自身的元素如何使消费者产生依恋。② 从消费者自身角度,探究消费者的心理状态以及行为模式,比如消费者自身构念、消费者的情感、记忆以及购买意图等如何影响消费者的品牌依恋。表 2-8 对品牌依恋的影响因素进行了系统的梳理。

表 2-8　品牌依恋的影响因素研究梳理

作　者	年　份	影　响　因　素
Vlachos 和 Vrechopoulos	2012	零售店形象，感知到的可转换价值和企业的社会责任对于打造消费者的依恋情感影响显著
Grisaffe 等	2010	从两个方面对品牌依恋的前置变量进行梳理：市场和顾客以及情感和社会
Malär 和 Krohmer	2011	品牌个性和消费者自我概念的匹配程度影响品牌依恋
Orth 和 Limon	2009	由商店激发的情感，个人个性以及品牌个性对消费者的品牌依恋产生影响

资料来源：作者整理。

（3）品牌依恋影响因素和作用结果评述。从对品牌依恋的影响因素和作用结果的文献梳理可以看出，品牌依恋在品牌研究的领域中占据了非常重要的作用。

首先，在对品牌依恋作用结果的梳理上，我们可以看出，品牌依恋描述的是消费者对品牌的情感关系。这种情感关系主要影响深层次的消费者-品牌关系的建立上。而品牌信任，作为同样描述消费者和品牌关系的一个变量，同样也是描述消费者同品牌之间的深刻关系。所以，综合上述文献梳理，品牌依恋对品牌信任的构建影响较为明显。

其次，在品牌依恋的影响因素上，品牌研究领域已经有了较多的研究。从文献梳理上来看，目前对品牌依恋的影响因素研究主要是遵循着"情感"主线，也就是说，通过研究消费者情感对品牌依恋的影响因素进行研究。但是，目前的研究在对"依恋"理论的深刻挖掘上，并不充分。通过依恋理论可以得知，依恋是源自"婴儿"对"母亲"的体验，从而产生这种天生的依恋情感。而体验到依恋是天生的。因此，消费者很可能通过对品牌的体验产生对品牌的依恋，而这种依恋关系可能进一步转化为消费者对品牌的信任。

综上，通过上述文献梳理，我们可以看出，品牌依恋有可能成为品牌体验到品牌信任的中介变量。也就是说,品牌体验通过影响消费者的品牌依恋,去构建起消费者的品牌信任。

2.3 品牌信任研究综述

信任的研究常常出现在心理学和组织行为学中。研究者通常把信任分为两种:认知信任和情感信任。在市场营销领域内,信任的研究还远远不够,而倡导情感营销要基于情感信任,因此,对信任以及品牌信任的研究对于厘清消费者的购买行为至关重要。因此,本书对信任和品牌信任的相关研究进行梳理。

2.3.1 信任

1. 组织行为学中的信任研究

组织行为学中对于信任的研究相对较为丰富,从 McAllister 将信任分为认知信任和情感信任之后,相关学者对信任的研究就一直沿用这一维度划分。信任的研究范围十分已经广阔,包括对领导的研究、对团队的研究以及对绩效的研究等等。

McAllister(1995)认为人际间的信任是人们坚信的、愿意以此为行动基础的,对别人采取的决定、行动和语言的程度。他认为信任是有认知和情感基础的,并且认为胜任度和责任是信任的中心关键因素。他认为认知信任是要对别人有"全部知识(total knowledge)",而情感信任是对人们对情感进行投资,与别人形成一种强烈的情感纽带,同时也会关心别人、爱护别人。在做出这些情感行为的时候,人们会坚信这种情感上的投资会给自己带来回报。

Mayer 和 Davis(1995)认为信任是"一方当事人的意愿容易受到另一方的行动的影响,基于一种另一方将执行对信任对象的重要特定行为的期望,而不考虑监视或控制另一方的能力"。文章还探讨了信任和合作(cooperation)之间的区别。因为合作不太可能将团队放置在一个有风险的环境中,所以信任可以导致人们开始进行合作,但是正在进行合作的人们却不一定彼此信任。因此,产生信任的基础"有风险的环境";换言之,存在风险才能产生信任。

Ingram(2008)研究了信任对职业网络管理者的影响。文章认为信任是产生自复杂特殊的心理学过程。信任分为两类:第一类是认知信任,第二类是情感信任。认知信任是源自"头脑",是对别人的可依赖度和可胜任度的证据的评价。而情感信任是源自"内心",是对他人感觉和动机的精神上和情绪上的联结。出于情感信任,人们会关注别人的好坏,关心别人的利益,会认为和别人之间的关系有着"天生的美德(intrinsic virtue)"。

Schaubroeck(2011)认为信任可以调节领导行为和组织绩效之间的关系。他们延续了之前的研究,将信任划分为认知信任和情感信任。他们认为认知信任是基于人们对别人的成绩、表现以及其他因素来对别人产生信任,而情感信任是一种纽带,这种纽带是人们天生的,让人们不自主地去关心别人、关怀别人。

Kok-Yee 和 Chua(2006)认为信任是个人处在风险和不确定性的情况下,愿意将自己容易受到伤害的一面暴露给其他人。同时他们也对认知信任和情感信任做了相关的定义。他们发现,在高水平的情感信任下,个体之间更加容易产生合作;相反,在高认知信任水平下,个体倒并不一定会产生合作。所以文章认为情感信任和认知信任的结果存在明显的差异。

2. 市场营销中的信任研究

Smith 和 Barclay(1997)认为信任会影响到销售联盟(selling-alliance)之间的关系,强大稳固的销售联盟可以加强企业的竞争优势。市场上的企业存在组织差异性(organization differences),而基于这种组织差异性,形成销售联盟的关键就在于形成组织和组织之间的信任。当信任形成之后可以采取基于信任的双方互惠的行动,最终影响组织绩效和彼此的满意度。文章提出的模型如图 2-4 所示。

Hewett 和 Bearden(2001)探讨了全球公司如何与其他国家的子公司形成稳定的合作关系。他们发现这种合作关系可以通过独立性(dependence)和信任(trust)来提升,并且高质量的合作关系可以提升产品表现绩效,帮助企业逐

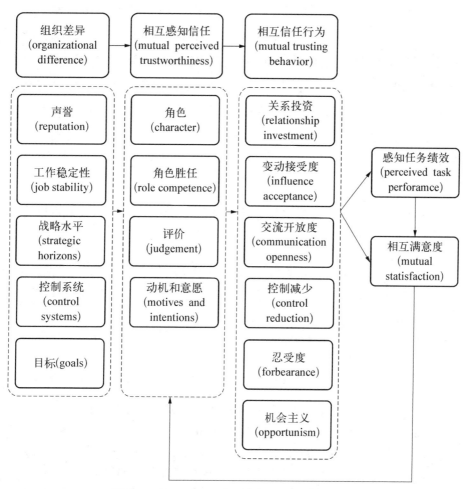

图 2-4　Smith 和 Barclay 的信任-销售联盟模型

步扩大其市场占有率。因此，信任是"目标信任的可感知到的信任度和互惠度"，是调节"劝说"和"鼓励未来交换"的一种重要机制。所以信任在调节母公司和子公司之间关系时十分重要。

Moorman(1992)研究了信任在买卖双方关系中的作用。结果表明，信任是关系质量的一部分，同时信任又可以决定关系质量。Moorman 进一步证实信任和交互感知质量(perceived quality of interaction)是研究市场之间关系的重要变量。通过对信任的研究可以揭示未来市场营销的研究方向。

Garbarino(1999)认为信任是"人们对依赖于交换伙伴的一种意愿十分自信"。他们基于消费者和消费者之间的偏好共性(比如熟悉感——familiarity)将消费者分成几组,随后将组织的整体满意度(overall satisfactory)、消费者对组织的承诺(commitment)和信任作为中介变量去探讨消费者群体的特点如何影响消费者的未来购买意愿。在揭示这一过程机理的同时,他们进一步探讨了消费者-消费者关系。研究表明,拥有高关系导向的消费者更容易预测其未来意愿(future intention)。

3. 评述

综合以上关于组织行为学和市场营销中关于信任的研究,我们可以将其梳理为表2-9。

表2-9 信任的定义研究综述

作者	年份	定义	研究方向
McAllister	1995	人际间的信任是人们坚信的、愿意以此为行动基础的,对别人采取的决定、行动和语言的程度	组织行为学
Mayer和Davis	1995	认为信任是"一方当事人的意愿容易受到另一方行动的影响,基于另一方将执行对信任对象的重要特定行为期望,而不考虑监视或控制另一方的能力"	组织行为学
Ingram	2008	信任是产生自复杂的、特殊的心理学过程	组织行为学
Schaubroeck	2011	信任可以调节领导行为和组织绩效之间的关系。他们延续之前的研究,将信任分为认知和情感信任	组织行为学
Kok-Yee和Chua	2006	信任是个人处在风险和不确定性的情况下,愿意将自己容易受到伤害的一面暴露给其他人	组织行为学
Smith和Barclay	1997	信任会影响销售联盟之间的关系,强大稳固的销售联盟可以加强企业的竞争优势	市场营销
Hewett和Bearden	2001	信任是"目标信任的可感知到的信任度和互惠度",是调节"劝说"和"鼓励未来交换"的重要机制	市场营销
Moorman	1992	信任是关系质量的一部分,同时又可决定关系质量	市场营销
Garbarino	1999	信任是"人们对依赖于交换伙伴的意愿十分自信"	市场营销

资料来源:作者整理。

通过表 2-9 可以发现：(1) 现有研究对信任的定义比较明确。本书通过以上文献梳理，将信任定义为消费者对于别人、对于事情以及对于物品的依赖程度。这种依赖程度是可以将自己的弱点暴露出来，同时人们会不自主地去关心别人的好坏、事情的发展程度。(2) 组织行为学的研究多将信任分为认知信任和情感信任，并且对这两个维度的定义比较明确，各有侧重点。认知信任的侧重点在于更加注重理性，比如一个物品的使用价值高低带给人们的感受，从而实现个体之间的认知信任。而情感信任则相反，更多侧重于人与人、人与事或者人与物之间精神上的联结，更加偏重于情感感受，而非事物的本身特质。(3) 在市场营销领域，信任研究多是从关系角度出发。市场营销中的研究者多认为信任是一种关系，是消费者愿意和产品、市场形成的一种稳定关系。同时，这种关系还可以扩展到公司层面，比如母公司和子公司之间的关系、企业和企业之间的销售联盟关系。因此，信任在市场中有较强的影响，也是决定关系质量的重要因素。

2.3.2 品牌信任的定义

在明确了信任的定义和维度之后，对于品牌信任的定义和维度就变得较为清晰。然而，由于品牌信任是将信任的对象从人扩展到品牌，对它的具体定义还需要通过相关文献梳理才能具体明确。

来自西班牙的学者 Ballester 对品牌信任的探究给相关领域带来了深远的影响。Ballester(2001)认为，品牌信任并不同于一般意义上的信任，主要是因为：① 品牌超越了一般商品，其概念比一般商品更复杂；② 消费者可以根据品牌来采取行动；③ 品牌信任代表一种超越消费者满意度的品牌价值认知。她认为品牌信任是消费者拥有的安全感，这种安全感是对品牌能够满足其需要的一种期待。这个定义同时将品牌信任划分为两个维度：首先，品牌有能力满足消费者的需要；其次，品牌信任通常和品牌意识(brand intention)联系在一起。Ballester(2005)在随后的研究中重点探讨了品牌信任和品牌资产之间的关系。她对品牌信任做了进一步的定义：品牌信任是指消费者对品牌的期望，消费者期待品牌能够带给自己正面的结果。再进一步，品牌信任是消费者对品牌可依赖性的自信和期待。Ballester(2011)开发了品牌信任的量表,并对品牌信任的定义继续完善:品牌信任是指"消费者在与品牌互动时产生的安全感,这种感觉是基于消费者认为这一品牌可以依赖,可以对消费者的利益负责"。她同时将品牌信任划分成两个维度:第一个维度是"fiability",这个维度指品牌的固有质量可以满足消费者的需求;第二个维度是"intentionality",这个维度反映的是消费者的情感上的安全感。

Geok 和 Sook(1999)认为品牌信任是消费者对于品牌这个标识的信任。品牌信任是消费者在面对风险的时候对品牌的依赖意愿,这是因为消费者相信品牌能够帮助他们度过风险。他们在定义品牌信任的同时也定义了品牌,他们认为品牌是一个标识、一个符号、一种设计,品牌的产生是为了区别于其他竞争者,而且品牌信任不是信任个体,是信任品牌这个标识。他们将品牌信任划分为五个维度,分别为品牌预测(brand predictability)、品牌联结(brand linking)、品牌胜任度(brand competence)、品牌声誉(brand reputation)和公司信任(trust in company)。

Chaudhuri 和 Hoibrook(2001)认为品牌信任是消费者对于产品的功能的信任。他们认为消费者对品牌产生信任是基于产品能够给消费者诠释自身的功能。同时,品牌信任只与不确定性和风险性有关。消费者在对品牌产生信任的同时会对品牌产生情感。这篇文章指出品牌信任包含三个维度,分别是对可依赖性的信任、对安全性的信任、对诚实性的信任。

袁登华(2007)认为品牌信任是指:在风险情境下消费者基于对品牌品质、行为意向及其履行承诺能力的正面预期,从而产生认可该品牌的意愿。品牌信任是消费者对产品和服务品质的信任,以及对品牌动机和品牌能力的信任。基于此,作者将品牌信任划分为三个维度,分别是品质信任、善意信任和能力信任。

表 2-10 综合以上对于品牌信任的梳理可以发现:① 品牌信任的定义比较明确,是指在不确定性的状况下消费者对于品牌的依赖度,这种依赖会让消费者认为品牌会给自己带来正面的影响。② 品牌信任的概念更多从认知方面出发,对于品牌情感信任探讨较少。当前对于品牌信任的定义大多数从认知

角度出发,都是认为品牌自身的特点、属性等外在因素使得消费者在认知上对品牌产生依赖,很少有学者从消费者和品牌的情感联结角度来对品牌信任进行定义。

表 2-10 品牌信任的定义研究综述

作 者	年份	定 义	维 度
Ballester	2011	品牌信任是指"消费者在和品牌互动时产生的安全感,这种感觉是基于消费者认为品牌可以依赖,可以对消费者的利益负责"	两维度
Chaudhuri 和 Hoibrook	2001	品牌信任是消费者对产品功能的信任	三维度
袁登华	2007	风险情境下消费者基于对品牌品质、行为意向及其履行承诺能力的正面预期而产生的认可该品牌的意愿	三维度
Geok 和 Sook	1999	品牌信任是消费者在面对风险的时候对品牌的依赖意愿,消费者相信品牌能够帮助他们度过风险	五维度

资料来源:作者整理。

2.3.3 品牌信任的影响因素和作用结果研究

Hong-Youl(2005)认为三个因素影响品牌信任:品牌体验、品牌熟悉度以及消费者满意度。品牌信任是消费者依赖品牌自身的一种能力,并且这种能力能够让消费者得知品牌是可以完整地诠释自身的功能。通过对网络在线市场的研究,他们认为品牌信任对电子市场十分重要,电子市场不确定性太大,消费者面临的风险也会较大,故要基于品牌体验,通过品牌熟悉度和消费者满意度的建设来提高消费者的品牌信任。

Sichtmann(2005)系统地总结了影响品牌信任的影响因素和品牌信任的作用结果。通过对公司品牌信任的研究,提出影响品牌信任的前置变量有如下:公司品牌胜任力(corporate brand competence)和公司品牌信用(corporate brand credibility)。同时提出品牌信任的结果变量包括当前消费者的购买意愿(current purchase intention),关于产品创新的购买意愿(purchase intention for product innovation),以及消费者的口碑行为(WOM behavior)。

Sung(2010)探讨了品牌形象对品牌信任和品牌情感的影响,证实品牌真诚(brand sincerity)和品牌胜任力(brand competence)对品牌信任有正向影响,并且对品牌信任的影响要大于对品牌情感的影响。而品牌刺激性(brand excitement)、品牌成熟度(brand sophistication)和品牌坚固性(brand ruggedness)积极影响品牌情感,同时这三个维度对品牌情感的影响要大于对品牌信任的影响。

Chaudhuri(2002)认为品牌信任和品牌情感会对品牌社区产生影响。从品牌信任的影响机理来说,消费者感知到的差异性会使得消费者感受到功能上的品牌选择风险,而这种风险会影响到消费者的品牌信任。从品牌情感的影响机理来说,享乐和功利主义会影响到消费者情感上的品牌选择风险,而这种风险会影响到消费者的品牌情感。此外,品牌社区也会影响品牌结果(包括市场份额、广告和消费者满意度)。

Reast(2005)探讨了品牌信任和品牌延伸之间的关系。作者将品牌信任划分为两个维度,意动信任(conative trust)和认知信任(cognition trust),并认为这两个维度对品牌延伸的接受度有正面影响。并且相比感知质量来说,这两个维度会对品牌延伸产生更多影响。从品牌延伸的角度来说,母品牌受到品牌信任的影响小于子品牌受到的影响。

望海军(2012)探讨了品牌信任和品牌情感对于品牌忠诚度的影响。文章显示品牌信任和品牌情感对品牌忠诚有共同的影响,并且这种影响力度随着消费者的消费经验增多而增多。但是随着消费经验的增多,品牌情感对品牌忠诚的影响程度会降低。相反,品牌信任对品牌忠诚的影响程度会升高。

谢毅(2014)综合探讨了品牌信任和品牌情感对口碑传播的影响。文章从品牌资产的视角出发,考察了品牌信任和品牌情感对口碑传播的影响机制。结果证实,品牌信任和品牌情感积极影响消费者的口碑传播行为。

周健明和郭国庆(2015)认为在互联网的环境下,网络的负面谣言可以使得消费者降低品牌信任,进而降低消费者的品牌依恋程度。但是这种关系受到品牌涉入度的影响，消费者的品牌涉入度越高，这种关系越弱，反之则越强。由此可以看出，品牌信任是网络负面谣言和品牌依恋的中介变量。表 2-11 对现有代表性研究进行了整理。

表 2-11　品牌信任的作用结果和影响因素研究综述

作　者	年份	影　响　因　素
Hong-Youl	2005	品牌信任的三个影响因素：品牌体验、品牌熟悉度、消费者满意度
Sichtmann	2005	品牌信任的前置变量包括公司品牌胜任力和公司品牌信用。品牌信任的结果变量包括当前消费者的购买意愿，关于产品创新的购买意愿，消费者的口碑行为
Sung	2010	品牌真诚和品牌胜任力积极影响品牌信任，且对品牌信任的影响强于对品牌情感的影响
Chaudhuri	2002	品牌信任和品牌情感影响品牌社区
Reast	2005	将品牌信任划分为两个维度，意动信任和认知信任，这两个维度积极影响品牌延伸的接受度
望海军	2012	品牌信任和品牌情感对于品牌忠诚有共同的影响，并且这种影响力度与消费者的消费经验正相关
谢毅	2014	探讨了品牌信任和品牌情感对口碑传播的影响
周健明和郭国庆	2015	网络的负面谣言降低消费者对品牌的信任，进而降低消费者的品牌依恋程度

资料来源：作者整理。

通过对品牌信任的文献梳理，本书发现，现有学者对品牌信任的研究还停留在品牌认知层面的信任。虽然已经有学者对品牌信任和一些消费者情感上的构念进行了研究，但是研究并不充分。同时，将品牌信任和品牌情感两者结合的研究很多。很多学者基于综合考虑，将品牌信任和品牌情感两者放在一起，探讨对其他品牌构念的影响。这种分成"认知线"和"情感线"的双向研究忽略了信任本身就包含认知信任和情感信任。此外，品牌信任的影响因素和作用结果研究覆盖的范围比较广。对于市场营销领域来说，品牌信任的影响因素涵盖品牌体验、品牌形象等，而其作用结果则涉及品牌社区、品牌延伸、品牌忠诚度等，因此这一方面的研究相对比较充分。

2.4 本章小结

本章重点梳理了品牌体验、品牌依恋、产品依恋以及品牌信任的相关文献。通过以上梳理,本书发现,目前有关品牌体验和品牌信任间的影响机制的研究还不够清晰,品牌体验通过何种渠道影响消费者对品牌的信任目前尚不清晰。同时,通过对品牌依恋和产品依恋的相关文献梳理,本书发现,消费者的品牌体验对消费者的品牌依恋和产品依恋有着重要影响,而消费者的这种依恋是导致其产生情感信任和认知信任的重要原因。基于此,本书从依恋的视角切入,探究品牌体验和品牌信任的作用机制。

3 研究假设和研究设计

3.1 研究模型

基于对现有文献的梳理与评述,本书从品牌体验对品牌信任的情感影响机制和理性影响机制两方面着手,来揭示品牌体验对品牌信任的影响机制。图 3-1 是本书的研究模型。

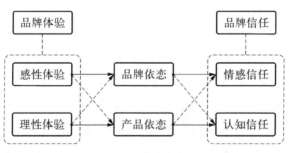

图 3-1 本书研究模型

如图 3-1 所示,本书研究模型的主要逻辑是探讨品牌体验对品牌信任的影响机制,其中品牌依恋作为品牌感性体验和品牌情感信任的中介变量,而产品依恋作为品牌理性体验和品牌认知信任的中介变量。本书研究主要分为六个部分。第一个部分探究品牌感性体验对品牌依恋的影响,重点探讨品牌感性体验如何影响品牌依恋。第二个部分是品牌理性体验对产品依恋的影响,品牌感性体验重点探讨品牌理性体验对产品依恋的影响机制。第三个部分是品牌体验对品牌信任的影响,重点探讨品牌理性体验如何影响品牌认知信任,以及品牌感性体验如何影响品牌情感信任。第四个部分通过对比来揭示品牌依恋如何对品牌情感信任产生影响。第五个部分探究产品依恋对品牌认知信任的影响,并对比品牌依恋对品牌情感信任的感性作用机制以及产品依恋对品牌认知信任的理性作用机制。第六个部分探讨品牌依恋和产品依恋的中介作用。即品牌感性体验通过品牌依恋影响品牌情感信任,而品牌理性体验通过产品依恋影响品牌认知信任。

3.2 研究假设

3.2.1 依恋视角下的品牌体验的影响

体验是一种感知,是消费者对产品的期望(Chirstian,1987)。很多研究都表明,这种带有期望的感知分为消费者的感性和理性两个方面。比如,Fisk(1993)认为,顾客体验会影响消费者对该品牌的理性认知和情感认知,并且直接影响消费者对品牌的满意度,从而影响消费者对品牌的忠诚度。Mano(1993)也认为体验对消费者具有双重影响,在情感上,消费者的品牌体验会影响消费者对品牌的态度;而在理性层面上,消费者的品牌体验则对消费者感知到的品牌信用产生影响。也就是说,这些研究都表明消费者的品牌体验对消费者具有感性和理性的双重影响。但是,更进一步地分析发现,这种双重影响的对象并不一致:消费者对品牌的感性体验更多影响消费者对品牌情感层面上的认识,比如品牌态度;而品牌理性体验则更多影响消费者理性层面上的认识,比如品牌信用(Ha,2005;Morrison,2007;Iglesias,2011)。

品牌的感性体验是消费者通过情绪反应而对产品产生的感知(Grönroos,1987;Pine and Gilmore,1988);换句话说,当品牌激起消费者的情感时,会让消费者产生情感体验,从而引起其共鸣(Brakus,2009)。因此,感性体验能促使消费者建立与品牌之间的情感关系,同时这种关系贯穿于消费者消费的整个过程中(张振兴和边雅静,2011)。也就是说,消费者的品牌感性体验贯穿整个消费过程,这一过程不仅长,且在一定程度上可以不断加深消费者对品牌的情感。当消费者越来越深地陷入与品牌之间的情感关系时,消费者就会与品牌逐步建立情感联结(黄潇婷,2015;Rubel,2017)。这种情感联结使消费者对品牌产生情感上的依赖,进而产生依恋。

不同于品牌的感性体验,品牌的理性体验是指消费者对品牌功能性和知识性的思考(Schmitt,1997;Brakus,2009)。这种体验虽然也可以使消费者产生感性情感,但是远不如感性体验能够给消费者带来更多的情感。其中,通过理性体验的定义可以看出,品牌的理性体验更多是带给消费者理性思考,比如消费者认为此品牌能否满足自己的需求,此品牌能否提升自己对品牌的产品和服务的认识。换个角度看,通过消费者对该品牌的理性体验,在与品牌的互动过程中逐渐提升对这一品牌的认识,理性分析品牌所传递给消费者的信息和知识,并进一步判断该品牌在功能上是否符合自己的要求。当消费者通过理性分析,发现品牌的产品和服务能够在功能上满足自己的要求时,就会对这一产品产生满足感和依赖感,建立产品依恋。

综上所述,消费者的品牌体验通过感性和理性两个层面对消费者产生影响,其中消费者的感性体验更多影响消费者对品牌的情感,而消费者的理性体验则更多影响到消费者对产品的认知。前者使得消费者对品牌产生情感上的依赖,后者使消费者对品牌的产品和服务产生功能上的依赖。基于此,本书提出假设1:

假设 1:品牌体验与品牌依恋和产品依恋正相关。具体而言——

假设 1a:相较于品牌理性体验,品牌感性体验与品牌依恋正相关程度更高;

假设 1b:相较于品牌感性体验,品牌理性体验与产品依恋正相关程度更高。

3.2.2　品牌体验对品牌信任的影响

品牌体验是消费者和周围环境之间互动而产生的一种认知。这种认知通过影响个体对信息的加工和处理影响消费者的心理(Mano,1993;李艳娥,

2010）。消费者通过体验获取信息，并对信息进行分析，来判断这些品牌是否能够满足自身的需求。当品牌能够满足自身需求时，消费者便通过品牌体验对自己的情感和认知产生正向刺激。这种正向刺激会使得消费者产生安全感，并愿意和品牌之间建立情感联结（Ha，2005），进而从认知和情感角度对品牌建立品牌信任。

现有研究表明，消费者的品牌感性体验更多是在情感层面对消费者产生影响，而品牌理性体验则更多在理性层面对消费者产生影响。同时，品牌信任也具有情感层面和理性层面两个维度。品牌感性体验更多在情感方面影响品牌信任，而品牌理性体验更多在认知方面影响品牌信任。具体而言，品牌认知信任是消费者通过对品牌的理性认识对品牌产生的信任（Ingram，2008；Ballester，2011）。消费者对品牌的理性体验会使得消费者对品牌产生理性认知，进而建立对品牌的认知信任（Ballester，2001）。主要反映在消费者通过品牌理性体验接收到品牌传递给消费者的相关信息，并进一步对品牌产生理性认知。如果消费者认为品牌能够满足自身需求，并且能够给自身带来安全感，就会与品牌之间建立认知信任。

对于品牌情感信任而言，消费者愿意与品牌之间建立情感联结，并且在这个过程中，消费者会不自主地关心和爱护该品牌（Daniel，1995；Mayer，1995；Schaubroeck，2011）。从消费者的品牌感性体验角度来说，当消费者通过体验使自己在情感层面产生感知，就会不断加深和品牌的情感联系（Grisaffe，2010）。这种联系会逐步使消费者在情感上对品牌产生依赖，更愿意与品牌建立稳固的情感联结，增强与品牌之间的互动，最终对品牌产生依赖感，从而建立起品牌情感信任。

综上所述，消费者的品牌体验主要通过感性和理性两个方面来对品牌信任产生影响。从情感层面来说，消费者通过品牌感性体验会更多地建立起对品牌的情感信任；从认知层面上来说，消费者通过品牌理性体验会更多建立对品牌的认知信任。基于此，本书提出假设2。

假设2：品牌体验与品牌信任正相关。具体而言——

假设2a：相较于品牌理性体验，品牌感性体验与品牌情感信任正相关程

度更高；

假设 2b：相较于品牌感性体验，品牌理性体验与品牌认知信任正相关程度更高。

3.2.3 品牌依恋对品牌情感信任的影响

依恋是凝结了个体对于人或者物精神上的寄托和依赖（Bowbly，1979；Ainsworth，1979），包括实体和抽象的物品（Weiss，1982；Arnould and Price，1993；Schouten and Alexander，1995）。换言之，消费者可以将这种特殊的情感转移到品牌上。当消费者对品牌产生依恋时，也就意味着消费者对品牌产生了"浓烈而深沉的爱"。这种依恋关系标志着消费者愿意与品牌之间建立情感联结，并且这种情感联结非常稳定。伴随着消费者的情感联结，消费者也会愿意反哺品牌。因此，消费者对品牌的依恋会促使消费者产生对品牌的情感信任。

基于以上分析，品牌依恋对于品牌信任的两个维度均有影响。然而，具体来看，品牌依恋对品牌信任这两个维度的影响程度并不相同。首先是品牌依恋对于品牌认知信任的影响。消费者对于品牌产生依恋的情感，通过这种情感，感知到品牌外在属性带来的安全感，从而对品牌产生信任感。但是这种信任感是外在的和表象的。认知信任本身就是基于事物的功用来对事物产生依赖（McAllister，1995；Mayer and Davis，1995），会随着事物功用的变化而产生变化。所以这种"表象"的信任是相对不稳定的。但是依恋这种情感是天生的，是稳定的（Bowbly，1979），所以品牌依恋对于认知信任的影响会少一些。

相对于品牌依恋对认知信任的影响，品牌依恋对品牌情感信任的影响更为明显。首先，两者都是从情感角度来探讨消费者和品牌之间的关系。其次，从概念上讲，品牌依恋和品牌情感信任都包含"在消费者和品牌之间构建情感纽带"这一功能（Park，2006；Schaubroeck，2011）。最后，通过品牌依恋建立起来的品牌情感信任比认知信任更稳定，因为消费者愿意与品牌建立情感联结，而这种联结是基于消费者对品牌产生犹如"婴儿对母亲"般的依恋情感而产生的。因此,当消费者对品牌建立起高度的情感联结,形成稳固的依恋关系之后,会对品牌从情感上更加信任。

因此,本书认为,品牌依恋对品牌情感信任和品牌认知信任均有正向影响,但是品牌依恋更多在情感层面影响品牌情感信任。基于此,本书提出假设3。

假设3:相较于产品依恋,品牌依恋与品牌情感信任正相关程度更高。

3.2.4 产品依恋对品牌认知信任的影响

产品依恋是指消费者通过自己对品牌产品和服务的使用,认定其能够满足自己的需求,进而对产品产生功能上的依赖(Mugge, 2008; Schifferstein, 2008)。也就是说,产品依恋是基于消费者对产品功能性的感知而产生的依赖。这种感知是基于消费者对外在信息的判断,比如说,这个产品的功能是否可以满足自己的需求、服务是否让自己称心如意。消费者通过这种外在信息,对品牌产品和服务进行认知层面上的感知,进而判断该产品是否符合自己要求。当产品的功能满足消费者需求的时候,消费者就会降低对产品的风险感知(Ballester, 2011),从而信任品牌,建立起品牌信任。

相较于品牌依恋来说,产品依恋更多影响消费者对品牌的认知信任。具体而言,产品依恋是在认知层面上对消费者产生影响。消费者理性感知产品的功能,进一步客观地影响认知。这种认知是消费者通过客观信息感知获取的。其次,通过产品依恋的定义可以看出,产品依恋主要涉及消费者对产品的功能性依赖(Mugge, 2008; Schifferstein, 2008),这种功能性依赖主要表现在产品的功能是否可以满足消费者的需求,当消费者认为产品的功能不能满足自身需求时,消费者就不会对产品产生依赖。而这种理性层面上的认知会直接影响消费者对产品风险的感知,感知风险程度越高,消费者越不会与品牌建立认知信任,相反,感知风险程度越低,消费者就越是倾向于同品牌之间建立认知信任。

综上所述,消费者对产品功能产生依赖之后才会与品牌建立认知信任,换言之,相较于品牌依恋,消费者的产品依恋更多在认知层面上影响消费者,从而更多影响消费者对品牌的认知信任。基于此,本书提出假设4。

假设4：相较于品牌依恋,产品依恋与品牌认知信任正相关程度更高。

3.2.5 品牌依恋的中介作用

品牌感性体验是指消费者在情感层面对品牌产生的体验(Kim and Chung,2011;Rubel,2017),这种情感型的体验会让消费者产生情感上的认知。随着这种感性认知的不断加深,消费者会与品牌之间建立起情感联结,这种联结随着消费者对品牌的感性体验而日益稳固,从而会使得消费者对品牌产生特殊的"依恋"情感(Bowbly,1969;Park,2006)。消费者对品牌产生的依恋会直接作用到品牌风险的感知上。当消费者在情感层面上对风险感知减少,会进一步与品牌进行情感上的互动,促进品牌情感信任的建立。

具体而言,品牌感性体验对品牌情感信任的影响是发生在消费者情感层面的一个过程。消费者对品牌的感性体验促使消费者和品牌之间建立起情感联结。这种联结使得消费者在情感层面上产生与品牌的联系,比如很多消费者会认为这个品牌与我有某种关系,这种关系只可以感知到,但是不能被表达出来。由于品牌依恋是一种比较特殊的情感,当消费者与品牌的情感联结建立起来之后,会不断加深并激发起消费者内心最原始的情感依恋。当消费者对品牌产生依恋之后,也就意味着消费者对品牌产生了安全感(Bowbly,1969;Ainsworth,1979;Weiss,1982),更愿意与品牌产生互动,从而促使消费者在情感上信任品牌、依赖品牌,建立起品牌的情感信任。

综上所述,品牌感性体验使消费者与品牌之间建立情感联结,并随着情感联结的不断加深使消费者对品牌产生依恋,减少消费者对品牌的风险感知,让消费者在情感上对品牌产生信任。基于此,本书提出假设5。

假设5：品牌依恋在品牌感性体验与品牌情感信任的关系中起中介作用。

3.2.6 产品依恋的中介作用

品牌体验除了在情感层面上促使消费者获取感知之外,还在理性层面让消费者获取感知(Brakus,2009)。这种理性层面的感知更多聚焦在消费者对品牌产品或服务的功能感知上。当消费者通过品牌理性体验认为品牌产品或服务功能能够满足自己的需求,就会对品牌产品或服务产生依赖,形成产品依恋。而这种依赖感会降低消费者在理性层面上对品牌的风险感知,让消费者获取更多的安全感,从而使消费者能够通过理性感知让消费者建立起品牌认知信任(Geok and Sook, 1999; Ballester, 2011)。

具体来看,品牌理性体验会让消费者更多地对品牌产生客观、理性的认识,比如通过理性认知品牌的产品和服务,消费者会逐步积累对该品牌的知识,并通过进一步的理性分析来对品牌产品或服务进行客观判断,判断这个产品或服务能否够满足自己需求。这种判断是理性认知层面上的判断,是消费者的理性决策。如果能够满足消费者的客观要求,消费者就会对产品的功能产生依赖,也就意味着消费者对产品产生了依恋。这种依赖降低了消费者对产品的风险感知。消费者会更有信心地认为这个产品可以满足自身的需求。此时,消费者和品牌之间就会建立认知信任关系。因此,这种认知信任关系是建立在消费者对产品的理性认知基础之上的。

综上所述,品牌理性体验会让消费者对产品功能产生认知,从理性认知层面判断其是否能够满足自己的客观要求,进而产生功能依赖和依恋。而产品依恋则会削弱消费者对产品的风险感知,从而使消费者和品牌之间建立认知信任。基于此,本书提出假设6。

假设6:产品依恋在品牌理性体验与品牌认知信任的关系中起中介作用。

3.3 研究规划与子研究设计

3.3.1 研究规划

本书研究主要通过设计三个子研究来对上述假设进行验证。研究一探讨品牌的划分;研究二聚焦在品牌信任量表开发上;研究三是大规模问卷调研和假设检验。

通过以上三个子研究设计，本书解决了如下几个难点。

(1) 对品牌的选择和区分。市场上存在的品牌数量庞大，难以进行筛选，而且消费者使用的品牌有限，因此，研究一重点设计用来筛选品牌和对品牌进行分类，目标是建立起研究二和研究三的行业池和品牌池。

(2) 品牌信任量表的不健全。本书研究通过文献梳理发现当下的品牌信任多聚焦在认知信任上，而对品牌情感信任探讨过少。所以研究二的设计目的就是通过质性研究对品牌信任的量表进行再开发，为研究三打下基础。

(3) 理性和感性双路径的对比研究。本书研究旨在重点讨论理性和感性的对比。研究三设计目的就是在研究一和研究二的基础上，探讨品牌体验对品牌信任的感性和理性双重路径对比。

综上所述，本书研究设计分为三个子研究来进行，具体如下。

3.3.2　子研究设计

上述研究规划提出本书研究需要通过三个子研究来进行。因此子研究设计也是本书需要解决的关键问题。通过三个子研究设计来对本书提出的整体模型进行验证，进而对本书可能得出的潜在结论进行探索。

(1) 研究一旨在筛选品牌和区分品牌。研究一的设计步骤如下。首先通过二手数据和相关研究文献自行建立行业池和品牌池，之后通过一般性的市场调研对行业池和品牌池进行相关设计。从而在建立后续子研究需要的品牌池和行业池之后将相关品牌划分成为感性体验型品牌和理性体验型品牌。

(2) 研究二旨在对品牌信任双维度量表进行开发。研究二主要是通过质性方法来进行量表开发。首先通过设计开放性问卷来获取质性研究数据，之后通过扎根理论来对数据进行编码处理，得到品牌信任双维度条目，最后结合专家意见形成品牌信任的量表。

(3) 研究三旨在对研究模型和假设进行检验。研究三通过对感性体验型和理性体验型品牌的问卷发放，总计两次问卷调研，以两个样本的对比来检验上述提出的假设，并对模型进行双样本验证。

3.4 本章小结

本章主要通过文献梳理提出本书的研究模型。本书的研究模型是品牌体验对品牌信任的感性和理性的双重影响机制。在提出研究模型之后,本章在模型的基础上提出了六个假设,如表 3-1 所示。

表 3-1 研究假设

研究假设	假设内容
H1	品牌体验与品牌依恋,产品依恋正相关。
H2	品牌体验与品牌信任正相关。
H3	相较于产品依恋,品牌依恋与品牌情感信任正相关程度更高。
H4	相较于品牌依恋,产品依恋与品牌认知信任正相关程度更高。
H5	品牌依恋在品牌感性体验和品牌情感信任的关系中起中介作用。
H6	产品依恋在品牌理性体验和品牌认知信任的关系中起中介作用。

资料来源:作者整理。

4 研究一：基于体验类型的消费者品牌分类

为了更好地对假设进行验证，研究一重点通过问卷调研的方法来对消费者品牌类型进行分类。只有将消费者品牌类型区分开来之后，才能在研究三中对相关变量进行更好地分类比较研究。研究一设计的思路借鉴了 Brakus 和 Schmitt(2009)对品牌体验定义的研究。

4.1 感性体验型和理性体验型品牌

在 Holbrook 和 Hirschman(1982)第一次将"体验"引入营销学研究领域的时候就提出"体验"是分为感性和理性的。而在之后？关于"体验"的研究更是沿用了这一区分。Fisk(1993)通过对服务营销领域的文献梳理研究，发现服务体验是服务营销研究领域的研究主题之一。他同时认为体验可以分为感性体验型和理性体验型。Carstensen 和 Pasupathi(2000)提出，体验有感性成分，并且这种感性体验贯穿个体一生。将"体验"划分成感性体验型和理性体验型的研究不胜枚举，为了之后更好地研究品牌体验对品牌信任的情感和认知构建机制，研究一将品牌体验划分成为感性体验型品牌和理性体验型品牌。

4.1.1 感性体验型品牌

本书研究认为感性体验型品牌是"人们使用这个品牌的产品或服务的

时候,更多地感受到这个品牌的产品或服务带给自己丰富的情感体验"。该定义主要基于以下几个原因。首先,通过感性体验的定义可以发现情感可以让人们产生体验(Tamir and Bigman, 2014),这种情感产生的体验是让人们产生"期望和引导人们受到自己强烈渴望的驱动(desire incentives)"。换句话说,品牌本身是有让消费者产生感性体验的可能性。其次,Sze, Gyurak, Yuan 等(2010)的研究认为,个体的感性体验是基于个体对外在感官而产生的,这种主观的感性体验更多是人们自身内化的体验,并且每个人之间都不一样。这也说明了通过品牌的外在刺激可以使得消费者对品牌本身产生感性体验,这种体验是基于消费者对这个品牌"产品或服务"的感触得到的。最后,体验同时拥有"感性"和"理性"的成分,所以在区分"理性体验型"和"感性体验型"的品牌时,本书研究重点强调感性体验型品牌是具有"更多的"感性体验,而不是说明感性体验型品牌完全不具有"理性体验"。

综上所述,本书认为感性体验型品牌必须是:(1)基于此品牌的产品或服务;(2)此品牌的产品或服务更多地让消费者产生感性体验;(3)此品牌产品或服务也会让消费者产生理性体验,但是消费者在这一方面产生的体验会比因为感性产生的体验要少。

4.1.2 理性体验型品牌

理性体验型品牌是"人们使用这个品牌的产品或服务的时候,更多地感受到的是这个品牌的产品或服务带给自己丰富的功能实用体验"。本书研究通过与"感性体验型品牌"的定义进行对比得出"理性体验型品牌"的定义,在界定此构念定义时,主要基于以下几点原因。首先,通过"体验"的原生定义发现,"体验"主要聚焦在认知方面。认知的基础是人们对自身周围事物的感知,这使得消费者对品牌的体验有理性体验的基础(Lemon and Verhoef, 2016)。其次,理性体验更多是对品牌产品或服务的功能体验。Grewal, Levy 和 Kumar(2009)认为体验是消费者对周围的消费环境的感知,包括品牌的产品和服务功能。最后,营销学对产品体验的研究由来已久(Jiang and Benbasat,

2005；Hamilton，2007)，而大部分研究都是聚焦在对产品的外观和功能体验上。理性体验型品牌则参考了之前的对产品体验的研究，更多聚焦在品牌的产品和服务功能上。

综上所述，本书研究对"理性体验型品牌"做出了相关界定，主要包括：(1)品牌产品和服务的功能体验是理性体验型品牌的基础；(2)这个品牌的产品和服务会让消费者更多产生理性思考，比如这个功能使用是否便捷，或者是这个品牌的产品和服务能否满足自己的需求；(3)此品牌的产品和服务功能的体验也会让消费者产生感性体验，但是他们对品牌产品和服务的理性体验会更多。

4.2　问卷调查研究设计

本书研究遵循一般市场调查的规则对相关品牌进行分类筛选。因为消费领域的行业和品牌众多纷杂，本书研究首先进行了焦点小组讨论，对相关行业和品牌进行了梳理，并结合已有研究文献来确定发放调研问卷中的行业和品牌。研究一的问卷由博士生结合专家意见进行编撰而成。

4.2.1　行业和品牌的选取

1. 文献中对相关调研的行业选择

由于现实中行业和品牌的数量庞大，不可能对每一个行业的每一个品牌都进行调研来获取数据，因此必须要对相关的行业和品牌进行筛选和整理。在筛选整理之前，必须要形成一个可能成为本书研究调研品牌的一个行业池和品牌池，再通过这个品牌池进行进一步的筛选和整理。在面对行业和品牌不确定的情况下，综合之前对品牌体验的研究文献，通过理论推演进行行业和品牌的筛选和梳理是最好的选择。本书研究梳理了一些之前关于体验和品牌体验研究的文献，以探究已有学者是如何选择以及选择了哪些行业和品牌，方便构建起本书研究可能所需的行业池和品牌池(见表4-1)。

表 4-1 营销学中已有关于"体验"研究相关文献的行业池和品牌池举例

作 者	文 献 名 称	所选行业	品牌名称	研究方法
Jiang 和 Benbasat	Virtual Product Experience: Effects of Visual and Functional Control of Products on Perceived Diagnosticity and Flow in Electronic Shopping	运动手表	自拟	实验
Hamillton	Is There a Substitute for Direct Experience? Comparing Consumerstrol of Products on Perceived Diagnosticiroduct Experiences	音乐	自拟	实验
Fullera 和 Matzler	Virtual product experience and customer participationg Consumerstrol of Products on, really new products	汽车	奥迪	案例
Brakus, Schmitt 和 Zarantonello	Brand Experience: What Is It? How Is It Measured? Does It Affect Loyalty?	电子计算机、饮用水、服装、运动鞋、汽车、报纸	苹果、戴尔、Fiji、Poland Spring、J. Crew、Liz Clairborne、Puma、新百伦、Volkswagen、Saturn、纽约时报、USA Today	问卷调查
Mascarenhas, Kesavan 和 Bernacchi	Lasting customer loyalty: a total customer experience approach	娱乐、儿童用品、汽车、电子计算机、制造	迪士尼、The American Girl Place、Avis Rental Car、苹果、Blyth Industries	案例
范秀成	顾客体验驱动的服务品牌建设	金融	大通银行	案例
吴水龙、刘长琳和卢泰宏	品牌体验对品牌忠诚的影响：品牌社区的中介作用	通讯	中国移动：动感地带	问卷调查
边雅静、毛炳寰和张振兴	品牌体验对品牌忠诚的影响机制分析——基于餐饮品牌的实证研究	餐饮	北京存在的10家连锁餐饮品牌	问卷调查

资料来源：作者整理。

通过上述已有文献的行业池和品牌池的选择可以看出，对于行业和品牌的选择要遵循以下几个原则：① 行业和品牌选择必须符合研究的主题。比如范秀成(2001)对服务品牌进行研究就选择了美国的大通银行。这主要是因为在当时，美国的服务品牌要比国内发达，选择美国的成熟服务品牌更具有代表性。而金融行业也是新兴的服务业代表，选择这个行业也能够凸显案例的新颖性。因此，本书的行业和品牌选择，要能够适合本书的研究主题。② 根据数据可获得性来适当选择行业和品牌。比如边雅静，毛炳寰和张振兴(2012)就对特定行业的品牌体验和品牌忠诚之间的作用机制进行研究。他们采取的是问卷调查法，基于数据可获得性选择了餐饮行业。③ 建立品牌池也需要考虑品牌自身的特点。品牌自身的特点包括品牌知名度，品牌的产品覆盖度等因素，这些因素在建立品牌池的时候需要进行初步的考量，本书研究尽量选择品牌知名度高、品牌产品覆盖度广的品牌作为建立品牌池的首选，这主要是通过搜集了相关品牌的二手数据进行选择。本书二手数据来源主要是 Brand Z 的品牌排名和上市公司的销售额。其次就是通过研究小组内部进行讨论决定。本书研究的研究小组主要是由两位企业管理系博士和一位品牌咨询公司的业界人士构成，讨论方法主要是通过电话或面谈，总共进行 5 次讨论，每次时间控制在 30—60 分钟。

通过以上行业池和品牌池的建立原则，本书研究参照 Brakus, Schmitt 和 Zarantonello(2009)的文献来建立行业池和品牌池。行业池和品牌池的初步建立如表 4-2 所示。

表 4-2 研究一行业池和品牌池的概况和来源

行 业	品 牌	来 源
计算机、通讯和其他电子制造业[1]	联想(Lenovo)	BrandZ 品牌排名
	苹果(Apple)	文献
	微软(Microsoft)	BrandZ 品牌排名
	戴尔(Dell)	BrandZ 品牌排名
	IBM	BrandZ 品牌排名
	神舟(Hasee)	研究小组讨论决定

续表

行　业	品　牌	来　源
汽车制造业[1]	比亚迪(BYD)	BrandZ品牌排名
	长城(GWM)	研究小组讨论决定
	奥迪(Audi)	文献
	丰田(Toyota)	BrandZ品牌排名
	宝马(BMW)	BrandZ品牌排名
	保时捷(Porsche)	BrandZ品牌排名
服装业[1]	森马(Semir)	BrandZ品牌排名
	ZARA	BrandZ品牌排名
	雅戈尔(Youngor)	上市公司销售额
	阿玛尼(Armani)	研究小组讨论决定
	巴宝莉(Burberry)	研究小组讨论决定
	哥弟(Girdear)	研究小组讨论决定
运动产品制造业[1]	安踏(Anta)	BrandZ品牌排名
	耐克(Nike)	BrandZ品牌排名
	锐步(Reebok)	文献
	李宁(LiNing)	BrandZ品牌排名
	始祖鸟(Arcteryx)	研究小组讨论决定
	北面(The North Face)	研究小组讨论决定
饮品业[1]	可口可乐(Coca Cola)	BrandZ品牌排名
	星巴克(Starbucks)	BrandZ品牌排名
	红牛(Redbull)	BrandZ品牌排名
	农夫山泉(NongFu Spring)	研究小组讨论决定
	娃哈哈(Wahaha)	研究小组讨论决定
	雀巢(Nestlé)	研究小组讨论决定
化妆品业[2]	佰草集(Herborist)	研究小组讨论决定
	相宜本草(Inoherb)	研究小组讨论决定

续　表

行　业	品　牌	来　源
化妆品业[2]	百雀羚(Pechoin)	研究小组讨论决定
	资生堂(Shiseido)	研究小组讨论决定
	香奈尔(Chanel)	BrandZ品牌排名
	迪奥(Dior)	BrandZ品牌排名

注：行业[1]来源于文献Brakus和Schmitt(2009),行业[2]来源于研究小组讨论决定。

2. 专家评审

为了保证此问卷的内容效度,本书研究共在上海和香港邀请了两位专家来对选定的品牌和行业进行评审。专家的具体信息如下。

(1) 专家1,来自复旦大学管理学院,博士学历,教授,具体研究方向为组织行为学和品牌管理,在国内外顶级期刊上发表过多篇论文。

(2) 专家2,来自香港城市大学商学院,博士学历,教授,具体研究方向为品牌社区、广告、消费者行为学,在国内外顶级期刊上发表过多篇论文。

专家评审的主要意见有两个：首先,两位专家对"农夫山泉"提出质疑,认为农夫山泉虽然市场占有率高,但是和其他品牌悬殊过大,不宜放进最终的品牌池中。其次,两位专家提出,"手机制造业"的品牌功能性和情感性区分较为明显,比较符合本书研究的主题,可以放置在行业池中。

经过研究小组一致讨论之后决定本次调研分为两步进行。第一步是按照原先设定的品牌池来进行品牌筛选(见表4-2);第二步调研再放入专家指导意见中的"手机制造业"相关品牌进行调研。综合以上两次调研结果来最后确定品牌选择。

4.2.2　问卷设计

研究一的问卷设计主要是根据"理性体验型品牌"和"感性体验型品牌"自行设计。陈晓萍、徐淑英和樊景立(2012)认为,在以下几种情况下,研究者需要自行设计问卷：(1) 现有的问卷不能够满足当下的研究；(2) 研究目的需要检验跨文化的适用性。由于目前的研究并不能给本书研究提供具有参考意义的问卷,因此研究小组决定遵循陈晓萍等人的建议,自行开发问卷。问卷采用封闭式问卷形式,主要目的是对相关品牌进行一般性选择分类。

问卷设计主要分为三个部分,首先是对"感性体验型品牌"和"理性体验型品牌"的概念含义做出相关说明,其次是将行业和品牌做成"矩阵"来让调研对象进行选择,最后则对调研对象的一般人口学统计变量进行统计。具体设计如下。

1. 指导语

尊敬的女士/先生,您好:

非常感谢您能够参与本次市场调查!此次问卷由香港城市大学和复旦大学联合发起,旨在了解消费者对品牌的了解和熟悉程度。您的答案无对错之分,请放心填答。我们承诺:您所提供的所有资料仅用于学术研究,我们对您的回答严格保密。

2. 定义说明

人们对某一品牌的产品和服务的体验分为两类:理性体验和感性体验。

理性体验型品牌:包括行为体验和智力体验。理性体验型品牌是指这个品牌的产品和服务能让消费者对其产生理性认知,包括消费者会根据自己的需要更多地使用这个品牌的产品和服务的功能,并且还会通过对该产品和服务的功能来拓宽消费者对产品和服务的知识和眼界。

感性体验型品牌:包括感官体验和情感体验。感性体验型品牌是指这个品牌的产品和服务能让消费者对其产生情感认知,包括在感官上给消费者强烈的刺激,使消费者产生审美体验,同时影响到消费者的情绪和感情。

3. 调研问题

请您根据上述定义以及您的使用情况,对以下[行业]品牌进行分类(单选)(见表4-3)。

表4-3 调研问卷问题

品牌名称	感性体验型	理性体验型	我在近两年中没使用过,不清楚
品牌1			
品牌2			

续　表

品牌名称	感性体验型	理性体验型	我在近两年中没使用过,不清楚
品牌3			
品牌4			
品牌5			
品牌6			

4.3　研究一调研

4.3.1　调研步骤

1. 数据收集过程

研究一总共进行两次问卷调研,问卷发放平台是问卷星,主要方式采用委托发放,调研对象为一般消费者。主要是进行品牌分类和筛选,为后续研究建立起行业池和品牌池,以方便预调研和大规模问卷调研的进行。

为了确保回收问卷的有效性,本书研究从以下两个方面来进行质量控制。首先是问卷设计方面,为了打消被试的顾虑,在问卷导语的设计上重点强调了调研的内容、目的和用途,以及调研对象资料的保密性。其次就是在问卷的发放方式上。由于是采取委托发放的方式,所以问卷发放平台自身会具有有效问卷筛选机制来进行有效问卷的筛选。

研究一的数据收集主要分为两次,具体情况如下。

(1) 第一次是对研究小组自行建立的行业池和品牌池进行调研,委托回收问卷并采用简单随机抽样,最终回收有效问卷219份。

(2) 第二次是针对专家评审意见进行行业池和品牌池进行问卷调研,委托回收问卷并采用简单随机抽样,最终回收有效问卷208份。

2. 调研一的样本基本人口特征统计

运用SPSS19.0分析软件,研究一首先对调研一样本的基本人口统计特征进行分析,如表4-4所示。

表4-4 研究一:基本人口特征统计(调研一)

个体特征	类别	人数	百分比
性别	男	102	46.58%
	女	117	53.42%
年龄	18岁以下	0	0%
	18—25岁	27	12.33%
	26—30岁	59	26.94%
	31—40岁	104	47.49%
	41—50岁	18	8.22%
	51—60岁	10	4.57%
	60岁以上	1	0.46%
学历	高中及以下	10	4.57%
	大专	44	20.09%
	本科	154	70.32%
	硕士及以上	11	5.02%
从事的行业	政府机关或事业单位	38	17.35%
	企业职工	153	69.86%
	个体商业户	11	5.02%
	学生	8	3.65%
	其他	9	4.11%
月收入	1 000元以下	6	2.74%
	1 000—3 000元	17	7.76%
	3 000—5 000元	48	21.92%
	5 000—8 000元	98	44.75%
	8 000元以上	50	22.83%

注:N=219。

从表4-4基本人口统计特征可以看出,调研一的调研对象女性略多,占样本量的53.42%。其中,调研对象多集中在31—40岁之间,该区间的样本占到了样本量的47.49%,其次是26—30岁之间的消费者,占样本总量的26.94%。在学历方面,本科毕业人数占调研一的样本的绝大多数,为70.32%。企业职工占被试的绝大多数,为69.86%。而月收入方面则是5 000—8 000元之间的人数比较多,占样本总量的44.75%,而3 000—5 000元以及8 000元以上的人数较为相似,分别占样本总量的21.92%和22.83%。

3. 调研二样本基本人口特征统计

随后,本书研究同样对调研二样本的基本人口统计特征进行分析,如表4-5所示。

表4-5 研究一:基本人口特征统计(调研二)

个体特征	类别	人数	百分比
性别	男	86	41.35%
	女	122	58.65%
年龄	18岁以下	1	0.48%
	18—25岁	27	12.98%
	26—30岁	71	34.13%
	31—40岁	77	37.02%
	41—50岁	25	12.02%
	51—60岁	6	2.88%
	60岁以上	1	0.48%
学历	高中及以下	13	6.25%
	大专	32	15.38%
	本科	148	71.15%
	硕士及以上	15	7.21%
从事的行业	政府机关或事业单位	33	15.87%
	企业职工	146	70.19%
	个体商业户	11	5.29%
	学生	10	4.81%
	其他	8	3.85%

续 表

个体特征	类 别	人数	百分比
月收入	1 000 元以下	5	2.40%
	1 000—3 000 元	12	5.77%
	3 000—5 000 元	44	21.15%
	5 000—8 000 元	100	48.08%
	8 000 元以上	47	22.60%

注：N=208。

从表 4-5 的基本人口特征统计可以看出，调研二女性占到了样本总量的 58.65%。在年龄方面，31—40 岁之间的人数和 26—30 岁之间的人数差异不是很大，分别占样本总量的 37.02% 和 34.13%。学历方面依旧是本科生占主导，占样本总量的 71.15%。所从事的行业跟调研一的分布一样，多是企业职工，调研二中占样本总量的 70.19%。月收入基本与调研一结果一致，5 000—8 000 元占样本总量的 48.08%，而 3 000—5 000 元则占样本总量的 21.15%，8 000 元以上占样本总量的 22.60%。

4.3.2 调研结果

本次调研结果主要是对品牌进行筛选和分类，所以只对问卷进行一般的描述性统计，主要是通过选择人数的占比来进行品牌和行业的筛选。选择将品牌归为某一类型的消费者占比越高，选择使用占比越多的品牌越适合后续的调研研究。

1. 调研一结果

根据上述调研步骤，通过对 219 份有效问卷进行描述性统计可以看出调研一的结果有如下两个趋势：① 行业不同会导致品牌差异很大，主要表现在品牌的市场覆盖率上；② 品牌的分类也会随行业的差异而有所变化，主要表现在消费者无法进行区分的品牌都集中在某些行业。本书研究通过 SPSS 19.0 对调研一的数据进行分析得出每个品牌分类情况。调研一结果的具体情况如表 4-6 所示。

表 4-6 调研一：品牌分类结果

行业	品牌	感性体验型品牌人数(%)	理性体验型品牌人数(%)	消费者两年内未使用(%)
计算机、通讯和其他电子制造业	联想(Lenovo)	37(16.89%)	139(63.47%)	43(19.63%)
	苹果(Apple)	87(39.73%)	64(29.22%)	68(31.05%)
	微软(Microsoft)	44(20.09%)	129(58.9%)	46(21%)
	戴尔(Dell)	29(13.24%)	89(40.64%)	101(46.12%)
	IBM	27(12.33%)	52(23.74%)	140(63.93%)
	神舟(Hasee)	18(8.22%)	42(19.18%)	159(72.6%)
汽车制造业	比亚迪(BYD)	26(11.87%)	70(31.96%)	123(56.16%)
	长城(GWM)	23(10.5%)	52(23.74%)	144(65.75%)
	奥迪(Audi)	61(27.85%)	57(26.03%)	101(46.12%)
	丰田(Toyota)	33(15.07%)	85(38.81%)	101(46.12%)
	宝马(BMW)	55(25.11%)	42(19.18%)	122(55.71%)
	保时捷(Porsche)	44(20.09%)	21(9.59%)	154(70.32%)
服装业	森马(Semir)	46(21%)	85(38.81%)	88(40.18%)
	ZARA	67(30.59%)	60(27.4%)	92(42.01%)
	雅戈尔(Youngor)	46(21%)	57(26.03%)	116(52.97%)
	阿玛尼(Armani)	66(30.14%)	35(15.98%)	118(53.88%)
	巴宝莉(Burberry)	39(17.81%)	39(17.81%)	141(64.38%)
	哥弟(Girdear)	25(11.42%)	39(17.81%)	155(70.78%)
运动产品制造业	安踏(Anta)	53(24.2%)	109(49.77%)	57(26.03%)
	耐克(Nike)	103(47.03%)	80(36.53%)	36(16.44%)
	锐步(Reebok)	40(18.26%)	59(26.94%)	120(54.79%)
	李宁(LiNing)	56(25.57%)	102(46.58%)	61(27.85%)
	始祖鸟(Arcteryx)	31(14.16%)	28(12.79%)	160(73.06%)
	北面(The North Face)	16(7.31%)	49(22.37%)	154(70.32%)
饮品业	可口可乐(Coca Cola)	91(41.55%)	109(49.77%)	19(8.68%)
	星巴克(Starbucks)	114(52.05%)	71(32.42%)	34(15.53%)

续　表

行　业	品　牌	感性体验型品牌人数(%)	理性体验型品牌人数(%)	消费者两年内未使用(%)
饮品业	红牛(Redbull)	75(34.25%)	105(47.95%)	39(17.81%)
	农夫山泉(NongFu Spring)	79(36.07%)	130(59.36%)	10(4.57%)
	娃哈哈(Wahaha)	65(29.68%)	119(54.34%)	35(15.98%)
	雀巢(Nestlé)	81(36.99%)	104(47.49%)	34(15.53%)
化妆品业	佰草集(Herborist)	35(15.98%)	90(41.1%)	94(42.92%)
	相宜本草(Inoherb)	54(24.66%)	86(39.27%)	79(36.07%)
	百雀羚(Pechoin)	53(24.2%)	88(40.18%)	78(35.62%)
	资生堂(Shiseido)	66(30.14%)	68(31.05%)	85(38.81%)
	香奈尔(Chanel)	79(36.07%)	53(24.2%)	87(39.73%)
	迪奥(Dior)	67(30.59%)	51(23.29%)	101(46.12%)

注：N=219。

通过表 4-6 的结果可以看出以下几点。

(1) 计算机、通讯和其他电子制造业、运动产品制造业、饮品业、化妆品业的品牌使用覆盖率较高。可以看出，在这几个行业中都有几个品牌的消费者两年内未使用占比低于 40%。其中联想(Lenovo)，耐克(Nike)以及饮品业的所有品牌消费者近两年的未使用率都低于 20%，市场覆盖度比较高。

(2) 计算机、通讯和其他电子制造业、运动产品制造业、饮品业、化妆品业中存在感性体验型品牌。具体来说，在计算机、通讯和其他电子制造业中感性体验型品牌和理性体验型品牌区分度较大，认为联想(Lenovo)是理性体验型品牌的消费者高达 63.47%，而苹果(Apple)作为该行业中唯一的感性体验型品牌，消费者选择占比为 39.73%。同样在运动产品制造业中，耐克(Nike)作为这一类品牌中使用率比较高的品牌，认为它是感性体验型品牌的消费者占比 47.03%。在饮品业和化妆品业中，星巴克(Starbucks)、香奈尔(Chanel)和迪奥(Dior)作为感性体验型品牌的区分度比较大，选择其作为感性体验型品牌的消费者占比分别为 52.05%、36.07%和 30.59%。

（3）服装业和汽车行业的品牌区分度不明显。从上述表格数据中可以看出，服装业和汽车行业存在以下几点问题：首先是消费者对同一品牌的使用率低，基本都低于 60%，汽车行业的同一品牌使用率尤其低。其次是消费者分不清这两个行业的品牌是感性体验型品牌还是理性体验型品牌。在品牌使用用户的选择占比中差异并不明显。这可能是与行业自身的环境有关，比如行业的品牌垄断程度，也有可能与调研对象的基本人口特征有关。

2. 调研二的调整

通过调研一的结果，我们对调研二进行了调整。

（1）剔除消费者使用率低的行业和品牌。通过调研一可以看出，汽车行业的品牌产品市场覆盖率低，对后续研究帮助较小，因此，本书决定剔除。从品牌上来看，一些品牌市场覆盖率太低，本书决定剔除：始祖鸟（Arcteryx）、北面（The North Face）和 IBM，并更换为阿迪达斯（Adidas），361 度（361°）和华硕（ASUS）。

（2）剔除理性体验型和感性体验型区分度无差异的行业。通过调研一可以看出，服装业不仅市场覆盖率低，而且一般消费者无法对服装业的品牌进行分类。所以决定剔除。

（3）参考专家意见。基于专家意见，经过研究小组讨论，将手机制造业的品牌池设计为苹果手机（iPhone）、维沃（Vivo）、欧珀（Oppo）、华为（Huawei）、小米（MI）、三星（Samsung）和索尼（Sony）。其次是红牛（Redbull）引导性太强，故本书予以剔除，并更换为百事可乐（Pepsi）。

3. 调研二结果

调研二是在调研一的基础上进行：根据调研一的结果，研究小组经过讨论并参考专家审核意见，决定对行业池和品牌池进行调整，同时对可能筛选出作为后期问卷调研的品牌再进行一次调研，并确认分类结果。本次调研对回收的 208 份有效问卷进行一般描述性统计分析，所用的软件为 SPSS19.0。具体结果如表 4-7 所示。

表 4-7 调研二：品牌分类结果

行业	品 牌	感性体验型品牌人数(%)	理性体验型品牌人数(%)	消费者两年内未使用(%)
计算机、通讯和其他电子制造业	联想(Lenovo)	31(14.9%)	134(64.42%)	43(20.67%)
	苹果电脑(Macbook)	74(35.58%)	52(25%)	82(39.42%)
	微软(Microsoft)	49(23.56%)	113(54.33%)	46(22.12%)
	戴尔(Dell)	34(16.35%)	77(37.02%)	97(46.63%)
	华硕(ASUS)	28(13.46%)	68(32.69%)	112(53.85%)
	神舟(Hasee)	18(8.65%)	38(18.27%)	152(73.08%)
运动产品制造业	安踏(Anta)	41(19.71%)	102(49.04%)	65(31.25%)
	耐克(Nike)	92(44.23%)	86(41.35%)	30(14.42%)
	锐步(Reebok)	36(17.31%)	60(28.85%)	112(53.85%)
	李宁(LiNing)	45(21.63%)	87(41.83%)	76(36.54%)
	阿迪达斯(Adidas)	68(32.69%)	82(39.42%)	58(27.88%)
	361度(361°)	40(19.23%)	85(40.87%)	83(39.9%)
手机制造业	苹果手机(iPhone)	95(45.67%)	67(32.21%)	46(22.12%)
	维沃(Vivo)	18(8.65%)	35(16.83%)	155(74.52%)
	欧珀(Oppo)	20(9.62%)	42(20.19%)	146(70.19%)
	华为(Huawei)	50(24.04%)	117(56.25%)	41(19.71%)
	小米(MI)	43(20.67%)	110(52.88%)	55(26.44%)
	三星(Samsung)	41(19.71%)	77(37.02%)	90(43.27%)
	索尼(Sony)	27(12.98%)	39(18.75%)	142(68.27%)
饮品业	可口可乐(Coca Cola)	87(41.83%)	103(49.52%)	18(8.65%)
	星巴克(Starbucks)	114(54.81%)	48(23.08%)	46(22.12%)
	百事可乐(Pepsi)	85(40.87%)	92(44.23%)	31(14.9%)
	农夫山泉(NongFu Spring)	72(34.62%)	124(59.62%)	12(5.77%)
	娃哈哈(Wahaha)	58(27.88%)	104(50%)	46(22.12%)
	雀巢(Nestlé)	72(34.62%)	101(48.56%)	35(16.83%)

续　表

行　业	品　牌	感性体验型品牌人数(%)	理性体验型品牌人数(%)	消费者两年内未使用(%)
化妆品业	佰草集(Herborist)	24(11.54%)	70(33.65%)	114(54.81%)
	相宜本草(Inoherb)	45(21.63%)	68(32.69%)	95(45.67%)
	百雀羚(Pechoin)	48(23.08%)	83(39.9%)	77(37.02%)
	资生堂(Shiseido)	45(21.63%)	65(31.25%)	98(47.12%)
	香奈尔(Chanel)	72(34.62%)	37(17.79%)	99(47.6%)
	迪奥(Dior)	67(32.21%)	47(22.6%)	94(45.19%)

注：N=208。

通过表4-7的数据处理结果可以得出如下几个结论。

(1) 再次强化了调研一的品牌分类结果。首先在计算机、通讯和其他电子制造业、饮品业、化妆品业中出现的感性体验型品牌依旧是苹果(Macbook)、星巴克(Starbucks)、香奈尔(Chanel)和迪奥(Dior)。在本次调研中，消费者选择它们作为感性体验型品牌的占比分别为35.58%、54.81%、34.62%和32.21%。

(2) 消费者对运动产品制造业中的耐克(Nike)分类不明晰。在调研一中，消费者十分确定耐克(Nike)是感性体验型品牌，但是在调研二中，虽然多数消费者仍然确定耐克(Nike)是感性体验型品牌(分类占比为44.23%)，但是其选择占比却跟理性体验型品牌(分类占比为41.35%)差距不明显。

(3) 新增加的手机制造业中，除了苹果手机(iPhone)是感性体验型品牌之外，其他的均为理性体验型品牌。其中，以华为为代表：华为的市场占有率高，通过调研结果可知其消费者两年内未使用率低于20%，而消费者选择华为作为理性体验型品牌的占比为56.25%，远远高于选择其作为感性体验型品牌的占比(24.04%)。

4. 综合调研结果

综合以上两次调研结果，研究小组经过如下几轮筛选，确定本书研究的行业池和品牌池，具体如下。

（1）第一轮筛选：专家评审意见。在两次调研的过程中，研究小组咨询专家通过专业的判断给调研结果的品牌筛选提供的几条准则。首先就是对饮品业"农夫山泉"品牌的讨论，农夫山泉虽然市场占有率高，但是与其他品牌悬殊过大，不宜放进最终的品牌池中。其次就是对手机制造业"华为"的认可。认为"华为作为国产品牌，跟其他品牌几乎没有差距悬殊，所以建议放置进最终的品牌池中"。

（2）第二轮筛选：指标筛选。首先对消费者的品牌分类占比差距指标进行筛选，研究小组经过讨论达成一致共识，认为两者比例差大于10%为宜。也就是说设立一个 A 值，然后设立筛选公式：

$$A=|感性体验型品牌比例-理性体验型品牌比例|>10\%$$

通过这个筛选公式，我们可以计算出两次调研的结果，如表 4-8 和表 4-9 所示。

表 4-8 调研一：品牌分类综合结果

品　牌	感性体验型百分比（%）	理性体验型百分比（%）	A（%）
联想（Lenovo）	16.89%	63.47%	46.58%
苹果（Apple）	39.73%	29.22%	10.51%
微软（Microsoft）	20.09%	58.90%	38.81%
戴尔（Dell）	13.24%	40.64%	27.40%
IBM	12.33%	23.74%	11.41%
神舟（Hasee）	8.22%	19.18%	10.96%
比亚迪（BYD）	11.87%	31.96%	20.09%
长城（GWM）	10.50%	23.74%	13.24%
奥迪（Audi）	27.85%	26.03%	1.82%
丰田（Toyota）	15.07%	38.81%	23.74%
宝马（BMW）	25.11%	19.18%	5.93%
保时捷（Porsche）	20.09%	9.59%	10.50%
森马（Semir）	21%	38.81%	17.81%

续　表

品　牌	感性体验型百分比(%)	理性体验型百分比(%)	A(%)
ZARA	30.59%	27.40%	3.19%
雅戈尔(Youngor)	21%	26.03%	5.03%
阿玛尼(Armani)	30.14%	15.98%	14.16%
巴宝莉(Burberry)	17.81%	17.81%	0.00%
哥弟(Girdear)	11.42%	17.81%	6.39%
安踏(Anta)	24.20%	49.77%	25.57%
耐克(Nike)	47.03%	36.53%	10.50%
锐步(Reebok)	18.26%	26.94%	8.68%
李宁(LiNing)	25.57%	46.58%	21.01%
始祖鸟(Arcteryx)	14.16%	12.79%	1.37%
北面(The North Face)	7.31%	22.37%	15.06%
可口可乐(Coca Cola)	41.55%	49.77%	8.22%
星巴克(Starbucks)	52.05%	32.42%	19.63%
红牛(Redbull)	34.25%	47.95%	13.70%
农夫山泉(NongFu Spring)	36.07%	59.36%	23.29%
娃哈哈(Wahaha)	29.68%	54.34%	24.66%
雀巢(Nestlé)	6.99%	47.49%	40.50%
佰草集(Herborist)	15.98%	41.10%	25.12%
相宜本草(Inoherb)	24.66%	39.27%	14.61%
百雀羚(Pechoin)	24.20%	40.18%	15.98%
资生堂(Shiseido)	30.14%	31.05%	0.91%
香奈尔(Chanel)	36.07%	24.20%	11.87%
迪奥(Dior)	30.59%	23.29%	7.30%

注：N=219。

表 4-9　调研二：品牌分类综合结果

品　牌	感性体验型百分比(%)	理性体验型百分比(%)	A(%)
联想(Lenovo)	14.90%	64.42%	49.52%
苹果电脑(Macbook)	35.58%	25%	10.58%
微软(Microsoft)	23.56%	54.33%	30.77%

续表

品 牌	感性体验型百分比(%)	理性体验型百分比(%)	A(%)
戴尔(Dell)	16.35%	37.02%	20.67%
华硕(ASUS)	13.46%	32.69%	19.23%
神舟(Hasee)	8.65%	18.27%	9.62%
安踏(Anta)	19.71%	49.04%	29.33%
耐克(Nike)	44.23%	41.35%	2.88%
锐步(Reebok)	17.31%	28.85%	11.54%
李宁(LiNing)	21.63%	41.83%	20.20%
阿迪达斯(Addidas)	32.69%	39.42%	6.73%
361度(361°)	19.23%	40.87%	21.64%
苹果手机(iPhone)	45.67%	32.21%	13.46%
维沃(Vivo)	8.65%	16.83%	8.18%
欧珀(Oppo)	9.62%	20.19%	10.57%
华为(Huawei)	24.04%	56.25%	32.21%
小米(MI)	20.67%	52.88%	32.21%
三星(Samsung)	19.71%	37.02%	17.31%
索尼(Sony)	12.98%	18.75%	5.77%
可口可乐(Coca Cola)	41.83%	49.52%	7.69%
星巴克(Starbucks)	54.81%	23.08%	31.73%
百事可乐(Pepsi)	40.87%	44.23%	3.36%
农夫山泉(NongFu Spring)	34.62%	59.62%	25.00%
娃哈哈(Wahaha)	27.88%	50%	22.12%
雀巢(Nestlé)	34.62%	48.56%	13.94%
佰草集(Herborist)	11.54%	33.65%	22.11%
相宜本草(Inoherb)	21.63%	32.69%	11.06%
百雀羚(Pechoin)	23.08%	39.90%	16.82%
资生堂(Shiseido)	21.63%	31.25%	9.62%
香奈尔(Chanel)	34.62%	17.79%	16.83%
迪奥(Dior)	32.21%	22.60%	9.61%

注：N=208。

通过上述计算，我们可以筛选出两次调研A值都在10%以上的品牌，分别是：联想(Lenovo)、苹果(Apple)、微软(Microsoft)、戴尔(Dell)、安踏(Anta)、李宁(LiNing)、星巴克(Starbucks)、农夫山泉(NongFu Spring)、娃哈哈(Wahaha)、佰草集(Herborist)、相宜本草(Inoherb)、百雀羚(Pechoin)、香奈尔(Chanel)。

其中，依据专家意见，加入调研二中的手机制造业品牌，依据之前的筛选公式，筛选出最终结果，分别是：

联想(Lenovo)、苹果(Macbook)、微软(Microsoft)、戴尔(Dell)、安踏(Anta)、李宁(LiNing)、星巴克(Starbucks)、农夫山泉(NongFu Spring)、娃哈哈(Wahaha)、佰草集(Herborist)、相宜本草(Inoherb)、百雀羚(Pechoin)、香奈尔(Chanel)、苹果手机(iPhone)、欧珀(Oppo)、华为(Huawei)、小米(MI)、三星(Samsung)。

再对消费者两年内未使用率指标进行筛选。研究小组一致决定消费者两年内未使用率要低于40%。通过这个标准对之前品牌池再进行筛选。通过筛选发现之前筛选出来的品牌都符合条件。

(3) 第三轮筛选：研究小组讨论筛选。通过之前筛选出来的品牌池研究小组进行讨论，拟定了如下筛选准则，总共需要8个品牌，其中感性体验型品牌4个，理性体验型品牌4个。依据筛选条件，本书研究对之前的品牌池进行筛选得出感性体验型品牌3个，分别是苹果(Apple)、星巴克(Starbucks)、香奈尔(Chanel)。但是理性体验型品牌在品牌池中的数量庞大，所以研究小组决定通过尽量保持和感性体验型品牌相同行业和消费者两年内未使用率低的标准来进行筛选，因此得出理性体验型品牌3个，分别是联想(Lenovo)、农夫山泉(NongFu Spring)、百雀羚(Pechoin)。

通过以上筛选得出的品牌池个数尚未满足研究需要，所以研究小组对耐克(Nike)进行讨论，虽然耐克(Nike)在调研二的A值未达到10%，鉴于两次调研总体反映出耐克(Nike)还是一个感性体验型品牌，故本书研究决定在感性体验型品牌池中加入耐克(Nike)，同时决定在运动产品制造业中加入理性体验型品牌安踏(Anta)。再考虑到专家意见认为农夫山泉(NongFu Spring)不合适，所以剔除农夫山泉(NongFu Spring)，用华为(Huawei)来替代。

4.4 研究结论

通过以上研究,本书建立起研究所需要的品牌池,分别如下。

(1) 感性体验型品牌:苹果(Apple)、星巴克(Starbucks)、香奈尔(Chanel)、耐克(Nike)。

(2) 理性体验型品牌:联想(Lenovo)、华为(Huawei)、百雀羚(Pechoin)、安踏(Anta)。

研究一同时也对市面上的品牌进行一次消费调查。可以发现绝大多数品牌都是理性体验型品牌,感性体验型品牌非常少。但是感性体验型品牌在行业里属于高端品牌,这同时使得企业在制定品牌发展战略的时候需要考量到品牌对消费者的情感作用。

4.5 本章小结

本章重点是通过对研究的设计来对消费者经常使用的品牌进行分类,并建立后续研究所需要的品牌池。研究一首先通过文献和研究小组讨论来对行业池和品牌池进行初步筛选,之后将行业池和品牌池提交给专家进行审核,并决定将调研分成两步来进行。其中调研一是针对自行设计的品牌池和行业池进行问卷调查,调研二在调研一的基础上进行,最终通过两次调研结果得出本书研究所需要的品牌池,分别是(1) 感性体验型品牌:苹果(Apple)、星巴克(Starbucks)、香奈尔(Chanel)、耐克(Nike);(2) 理性体验型品牌:联想(Lenovo)、华为(Huawei)、百雀羚(Pechoin)、安踏(Anta)。为后续研究做出了良好的铺垫。

5 研究二：品牌信任的量表开发

5.1 质性研究设计

5.1.1 研究问题和研究方法

1. 研究问题

研究二主要聚焦在品牌信任的量表开发上。通过之前的文献综述可以得知，信任可以分为"认知"和"情感"两个维度（McAllister，1995；Kok-Yee and Chua，2006；Ingram，2008），由此品牌信任也可以划分为"品牌认知信任"和"品牌情感信任"两个维度（Geok and Sook，1999；Ballester，2011）。虽然其他学科对"情感信任"的定义比较明确，也有成熟的量表，但在品牌研究领域并未找到"品牌情感信任"的成熟量表。因此研究二决定围绕品牌信任维度的再归纳和对应量表的再开发来进行探索研究。

2. 研究方法

研究二主要采用的方法是基于扎根理论的开放性问卷调研。首先通过开放性问卷来获取相应的质性分析数据，再通过扎根理论来对收集的数据进行编码，以此来进行质性分析。

(1) 开放性问卷。开放性问卷是研究者想一般性地了解这一研究问题，让被试没有预设地回答，因此问卷答案受到的干扰比封闭性问卷小（王娟和林晓东，2017）。关于开放性问卷和封闭性问卷的争论是方法类学者争议的话题。Foddy（1993）认为开放性问卷能够更好地将被试置于问卷填写的环境中，代入感较强,同时也能够收集到更多的信息。同时,使用开放性问卷进行质性研究的学者也分布在各个社会科学领域(Barcham and Stephens, 1980; Harlig, 1993; Griffith, Cook & GH, 1999; Reja, Manfreda and Hlebec, 2003)。考虑到现有文献对品牌情感信任的探究尚不多见,本书采用开放性问卷的形式来进行本次调研。

(2) 扎根理论。扎根理论提出了一系列对数据的灵活处理指导方针和分析方法,并构建成熟分析过程来了解人们的行为,识别社会规范(亨宁克、哈特和贝利,2015)。扎根理论的分析过程十分严谨,并且在本质上属于归纳性研究,但是在研究过程中,研究者也会根据实际需要适当进行演绎性研究,从而使得扎根理论同时具备归纳和演绎的特点(利亚姆帕特唐和艾子,2009)。因此,本书研究采用扎根理论来进行质性研究部分的探索。

3. 扎根理论及其介绍

扎根理论是两位美国的社会学家 Glaser 和 Strauss 在 20 世纪 60 年代根据已有的质性研究方法总结发展而来(Glaser and Strauss, 1965)。自此之后,扎根理论不断发展和完善,并成为社会科学中质性数据采集和分析的重要途径(Corbin and Strauss, 1990, 2008)。

(1) 扎根理论的概念及其研究主题。"扎根(grounded)"的概念是指"扎根"于现实的生活中,这主要是说这类的研究方法主要以经验研究为主,并且牢牢以组织实质和日常复杂的社会生活为根基(陈晓萍、徐淑英和樊景立,2012)。并且,扎根理论的研究是实证性的,以事实为基础的,研究可观察的、实在的、可以了解的现象(Neuendorf, 2002)。从扎根理论的概念可以发现,扎根理论是完全立足于实践,通过一系列过程和方法将实践中存在的现象提取出来形成理论。

在用扎根理论研究的过程,需要确定两条准则。首先就是扎根理论需要一个明确的研究主题,其次就是扎根理论需要的数据类型。作为质性研究的一般研究方法,扎根理论的研究主题是需要了解社会实践之间复杂的相互作用,而所需要的数据类型是"文本"形式(陈晓萍、徐淑英和樊景立,2012)。

(2) 扎根理论的研究原则。扎根理论不是一种理论,只是研究者进行质性研究的一种方法,而这种研究需要严格遵循其方法原则,否则得出的研究结果的信度和效度都很低。一般来说,扎根理论的原则有如下几点(Liamputtong and Ezzy,1999)。

① 数据分析是一个周期分析,而不是线性分析。也就是说,对于质性数据而言,要以一个时间段来对其进行反复的分析,而不能仅仅对其分析一次。

② 在转录抄本的时候,研究人员需要逐字逐句地进行转录,切不可擅加改动。这样才能保证参与者的观点不被改变。

③ 数据采集和分析彼此是相关联的。

④ 质性分析大部分时候需要归纳,但是不排除一些情况需要研究人员进行演绎。

⑤ 文本分析需要来回进行比对,使得概念更加清晰可靠。

⑥ 研究人员对自己的分析工作需要进行工作记录。

⑦ 分析不仅限于简单描述,在必要的时候还需要进行解释和说明。

(3) 扎根理论的研究过程。扎根理论的研究过程主要是研究者依照扎根理论的原则对文本数据进行质性分析的过程。通过扎根理论的研究原则可以看出,其原则是对研究者进行扎根研究的"灯塔"和"启发式工具"(亨宁克、哈特和贝利,2015),所以研究者需要根据自己研究的情况来对扎根理论进行具体的研究过程设计。Burden 和 Roodt(2007)给出了扎根理论研究的详细过程介绍(见图 5-1)。

Strauss(1987),Cobin 和 Strauss(1998)提出采用质性编码的三个步骤,分别是开放性编码(open coding)、轴心编码(axial coding)和选择性编码(selective coding)。其中,开放性编码是对原始的数据进行彻底的解读,试图去了解文本给研究者带来的每一条信息以及参与者的所想要表达的每一个观点。而轴心编码则是聚焦在通过开放性编码过后数据所呈现出来的特征,并去精炼他们的特性。最后的选择性编码是聚焦在这些精炼出来的特性上,研究人员通过选择性编码将质性数据抽象成为理论(陈晓萍、徐淑英和樊景立,2012)。

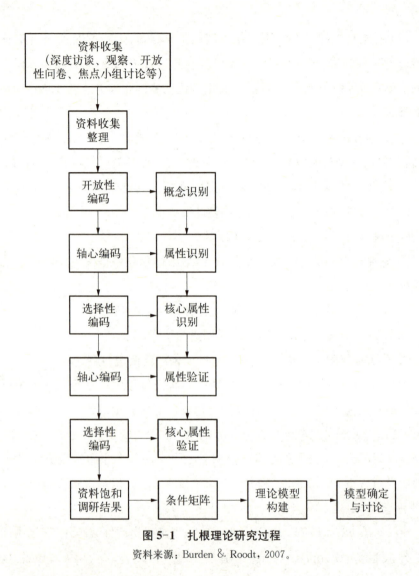

图 5-1　扎根理论研究过程

资料来源：Burden & Roodt, 2007。

研究二主要集中在对品牌信任的双维度（认知信任和情感信任）进行研究，并非基于质性研究构建本书的理论模型，因此研究二仅采用开放性编码和轴心编码对文本数据进行质性分析。

5.1.2　开放性问卷设计与资料收集

研究二重点是要对品牌信任的认知信任和情感信任维度再定义以及量表

再开发上。采用开放性问卷对一般消费者进行调研。本次开放性问卷的设计主要分为以下几个部分：指导语、定义阐述、调研问题和被调研对象基本信息。由于是开放性问卷，第三部分所有的调研问题都不设置备选项，被试按照自己意愿自由回答。

1. 指导语

尊敬的女士/先生，您好：

非常感谢您能够参与我们的市场调查，此次调查由香港城市大学和复旦大学联合发起，目的是了解消费者对品牌的感受和当下消费者的购买习惯。您的答案无对错之分，请放心填答。我们承诺：您所提供的所有资料仅用于学术研究，我们对您的回答严格保密。

再次感谢您的参与！

2. 定义阐述

人们对品牌的信任分为两种：认知信任和情感信任。

品牌的认知信任指的是：人们对某一品牌的功能和可靠性有信心，由于觉得产品的功能能够满足自己的需求，从而愿意承担购买风险。

品牌的情感信任指的是：人们对某一品牌在感情上具有共鸣，由于喜欢这个品牌，从而愿意承担购买风险。

事实上，在消费行为中，有相当部分是受到对品牌功能和可靠性的认知信任影响，也有相当部分是单纯受到对品牌喜爱、依赖的情感信任影响。

基于以上信息，请根据您的购买经历和体验，回答以下两个问题。

3. 调研问题

请根据您的购买体验，简要列出4—6条您对"品牌认知信任"的理解，每一条描述用一到两句话简要概括即可，无须论证。

请根据您的购买体验，简要列出4—6条您对"品牌情感信任"的理解，每一条描述用一到两句话简要概括即可，无须论证。

4. 被调研对象基本信息

包括性别、年龄段、最高学历、所从事职业和月收入等信息。

5.1.3 抽样与样本信息

研究二聚焦在一般消费者对品牌信任的看法上,尤其关注消费者对品牌认知信任和品牌情感信任的理解。本次问卷发放方式采用在线委托发放方式。委托问卷发放平台发放问卷 100 份,问卷回收时间持续 4 天,共回收问卷 100 份,再经过人工的信息筛选,剔除无效问卷,例如,回答不认真(如:回答问题的答案照搬题干);回答模糊不清(如:对认知信任的回答"我就是信任这个品牌"),理解出现偏差(如:海尔值得信任)等共计 20 份,最终回收有效问卷 80 份,问卷回收有效率为 80%。

通过对 80 份有效问卷的整理,并对相关数据进行描述性统计可知,本次调研男性为 33 人,占样本总量的 41.25%,女性为 47 人,占样本总量的 58.75%。在年龄段方面,没有 18 岁以下的未成年人和 60 岁以上的老人,青年人占样本总量最多。其中 26—30 岁的样本数为 26 人,占样本总量的 32.5%;31—35 岁的样本数为 35 人,占样本总量的 43.75%。在学历方面,受到高等教育的消费者构成了大部分的样本,其中最高学历为本科的样本数为 60 人,占样本总量的 75%;而最高学历为大专的占样本总量的 11.25%,为 9 人;硕士及以上学历的占样本的 8.75%,为 7 人。在目前所从事的职业方面,企业职工占样本的大多数,为 56 人,占据样本总数比例为 70%;在政府机关或事业单位工作的人数为 14 人,占样本总数比例为 17.5%。最后,月收入在 5 000—8 000 元之间的人数为 37 人,其比例为 46.25%;月收入在 8 000 元以上的比例为 22.5%,人数为 18 人;月收入在 3 000—5 000 元之间的人数为 14 人,占样本总数的 17.5%。有效问卷的样本具体情况如表 5-1 所示。

表 5-1 开放性问卷调研基本人口统计特征

问卷编号	性别	年龄段	最高学历	目前所从事的职业	当前的月收入
1	男	31—40 岁	本科	政府机关或事业单位	5 000—8 000 元
2	男	18—25 岁	本科	学生	1 000—3 000 元

续　表

问卷编号	性别	年龄段	最高学历	目前所从事的职业	当前的月收入
3	男	26—30 岁	硕士及以上	企业职工	5 000—8 000 元
4	女	26—30 岁	本科	企业职工	5 000—8 000 元
5	男	18—25 岁	本科	学生	1 000 元以下
6	男	26—30 岁	高中及以下	企业职工	5 000—8 000 元
7	男	31—40 岁	本科	企业职工	8 000 元以上
8	女	18—25 岁	本科	政府机关或事业单位	3 000—5 000 元
9	女	31—40 岁	本科	企业职工	3 000—5 000 元
10	男	26—30 岁	本科	企业职工	5 000—8 000 元
11	女	18—25 岁	本科	企业职工	5 000—8 000 元
12	女	31—40 岁	本科	企业职工	5 000—8 000 元
13	女	31—40 岁	大专	政府机关或事业单位	3 000—5 000 元
14	男	26—30 岁	硕士及以上	企业职工	5 000—8 000 元
15	女	31—40 岁	大专	企业职工	3 000—5 000 元
16	男	31—40 岁	本科	企业职工	8 000 元以上
17	男	41—50 岁	本科	政府机关或事业单位	8 000 元以上
18	女	26—30 岁	本科	企业职工	5 000—8 000 元
19	女	51—60 岁	高中及以下	其他	3 000—5 000 元
20	男	31—40 岁	本科	个体工商户	8 000 元以上
21	男	31—40 岁	硕士及以上	企业职工	5 000—8 000 元
22	女	31—40 岁	大专	政府机关或事业单位	1 000—3 000 元
23	男	26—30 岁	本科	企业职工	5 000—8 000 元
24	女	26—30 岁	本科	企业职工	5 000—8 000 元
25	女	31—40 岁	本科	企业职工	8 000 元以上
26	男	26—30 岁	本科	个体工商户	5 000—8 000 元
27	女	31—40 岁	硕士及以上	政府机关或事业单位	8 000 元以上
28	女	26—30 岁	大专	企业职工	5 000—8 000 元
29	女	31—40 岁	本科	企业职工	5 000—8 000 元
30	男	31—40 岁	本科	企业职工	8 000 元以上
31	男	31—40 岁	本科	政府机关或事业单位	1 000—3 000 元
32	女	26—30 岁	本科	企业职工	5 000—8 000 元

续 表

问卷编号	性别	年龄段	最高学历	目前所从事的职业	当前的月收入
33	女	26—30 岁	硕士及以上	企业职工	8 000 元以上
34	女	31—40 岁	本科	企业职工	3 000—5 000 元
35	男	41—50 岁	本科	政府机关或事业单位	5 000—8 000 元
36	女	31—40 岁	本科	企业职工	5 000—8 000 元
37	女	31—40 岁	本科	企业职工	5 000—8 000 元
38	女	18—25 岁	本科	企业职工	1 000—3 000 元
39	男	26—30 岁	本科	企业职工	8 000 元以上
40	女	41—50 岁	本科	企业职工	8 000 元以上
41	女	31—40 岁	大专	企业职工	1 000—3 000 元
42	女	26—30 岁	本科	企业职工	3 000—5 000 元
43	女	26—30 岁	本科	企业职工	5 000—8 000 元
44	女	26—30 岁	高中及以下	企业职工	5 000—8 000 元
45	男	31—40 岁	本科	政府机关或事业单位	8 000 元以上
46	女	26—30 岁	本科	企业职工	8 000 元以上
47	男	31—40 岁	本科	企业职工	5 000—8 000 元
48	女	31—40 岁	本科	企业职工	5 000—8 000 元
49	男	18—25 岁	本科	学生	1 000 元以下
50	女	31—40 岁	硕士及以上	企业职工	5 000—8 000 元
51	男	31—40 岁	本科	企业职工	8 000 元以上
52	女	18—25 岁	本科	企业职工	3 000—5 000 元
53	女	31—40 岁	本科	企业职工	5 000—8 000 元
54	男	41—50 岁	硕士及以上	政府机关或事业单位	8 000 元以上
55	男	31—40 岁	本科	企业职工	5 000—8 000 元
56	女	31—40 岁	高中及以下	企业职工	3 000—5 000 元
57	女	31—40 岁	本科	企业职工	8 000 元以上
58	女	41—50 岁	本科	政府机关或事业单位	5 000—8 000 元
59	女	26—30 岁	本科	企业职工	5 000—8 000 元
60	男	26—30 岁	本科	政府机关或事业单位	5 000—8 000 元
61	男	31—40 岁	大专	企业职工	3 000—5 000 元
62	女	26—30 岁	本科	企业职工	3 000—5 000 元

续 表

问卷编号	性别	年龄段	最高学历	目前所从事的职业	当前的月收入
63	女	31—40岁	本科	企业职工	8 000元以上
64	女	26—30岁	本科	企业职工	5 000—8 000元
65	女	31—40岁	本科	企业职工	5 000—8 000元
66	男	26—30岁	大专	企业职工	5 000—8 000元
67	女	31—40岁	本科	企业职工	3 000—5 000元
68	女	26—30岁	本科	企业职工	5 000—8 000元
69	男	26—30岁	本科	企业职工	5 000—8 000元
70	女	41—50岁	本科	政府机关或事业单位	8 000元以上
71	女	31—40岁	大专	其他	1 000—3 000元
72	女	18—25岁	本科	学生	1 000元以下
73	男	18—25岁	本科	学生	1 000—3 000元
74	女	26—30岁	本科	企业职工	3 000—5 000元
75	男	31—40岁	本科	企业职工	8 000元以上
76	女	18—25岁	本科	其他	1 000—3 000元
77	女	18—25岁	大专	企业职工	3 000—5 000元
78	男	51—60岁	本科	政府机关或事业单位	5 000—8 000元
79	女	26—30岁	本科	企业职工	5 000—8 000元
80	女	31—40岁	本科	企业职工	5 000—8 000元

资料来源：作者整理。

5.2 质性分析流程

5.2.1 资料整理

首先，本书研究就收集得来的相关文本进行整理，主要分两步进行。第一步是对文本信息进行核实，重点排查错别字等常规错误；第二步是对文本信息按照问卷题目设置进行归类整理，将数据切分成两份，一份为品牌认知信任,另一份为品牌情感信任。同时,本书研究在整理文本的时候严格遵守扎根理论的原则,并未擅自更改原始文本信息内容,充分尊重被试的观点。

在对 80 份有效问卷进行整理之后,本书研究获得关于品牌认知信任条目 343 条,品牌情感信任条目 336 条。为接下来的文本编码进行了充分的准备。

5.2.2 信度和效度

对于质性研究结果的信度和效度讨论十分必要,任何一种研究方法都有其优势,也有方法属性带来的缺点。通过一系列研究设计来提高质性研究结果的可信度十分必要,不仅能有效减少质性研究的方法缺陷对研究结果带来的影响,也能够强化质性研究的优势。

质性研究结果质量评价指标与定量研究是相同的,都通过信度和效度对研究结果质量进行衡量。信度和效度的构念含义最早来源于测量学中(Babble,1987)。信度是指测量方法的质量,即对同一现象进行重复观察是否可以得到相同的结论(Babble,1987)。效度是指研究方法准确地反映了需要测量的概念(Babble,1987)。具体内容如下。

(1)信度。意味着可靠性和一致性,具体分为外部信度(external reliability)和内部信度(internal reliability)。在质性研究中,研究人员为了研究结果稳定(随着时间的不断变化,研究结果变化程度较小),采取了一系列研究手段来对质性研究结果的信度进行控制。Denzin 和 Lincoln(2000)主张,提升质性研究结果的信度可从如下几个方面来进行着手。

① 观察的稳定性:研究者在不同时间和地点是否可做出相同的观察与诠释。

② 平行模式:当研究者在观察期间注意到其他现象时,是否还会对之前所见的现象做出相同的观察与诠释。

③ 评分者信度:当另一观察者以相同的理论架构观察相同现象时,是否会以相同的方式加以诠释。

(2) 效度。意味着研究结论的真实性和对现实的符合程度,具体分为内容效度(content validity)、实证效度(criterion validity)和建构效度(construct validity)。对于质性研究中结果的效度而言,学术界虽然还存在着争议,但是却一致认为质性研究的效度不同于定量研究(Morse and Janice, 2008; 李鸿儒, 2009)。Kirk 和 Miller(1986)认为质性研究中的效度系数可分为如下几类: 理论效度(theoretical validity)、工具效度(instrument validity)和表面效度(apparent validity)。

通过以上对质性研究信度和效度的介绍,经过研究小组讨论,研究二决定从如下几个方面来保证本次质性研究的信度和效度。

① 对原始文本的尊重,研究者在转移和整理文本的时候不得对原始文本进行更改(允许更改错别字)。

② 邀请四位不同领域的博士生对文本进行背对背编码处理并成立编码小组。研究二邀请的四位博士生分别来自复旦大学财务金融系、复旦大学企业管理系、复旦大学管理科学系以及复旦大学信息管理系。再通过两次焦点小组讨论(每次持续 8 个小时)对收集上来的文本数据进行逐条比对,就差异处进行多次讨论,得到一致性的编码结果。

③ 为了避免专业背景带来的影响,研究小组内部又对上述结果进行讨论和修改,达成一致共识之后产生最终编码结果。

④ 在编码过程中不断参考相关文献,将结果和已查阅的文献进行对比,保证编码结果和理论内涵相符。

⑤ 针对质性研究的结果,研究二将运用定量方法对质性分析的结果进行普适性检验。

5.2.3 开放性编码

开放性编码(open coding)是质性研究的第一步。开放性编码又叫一级编码,在尊重原始文本的前提下,通过对文本的分析,将文本数据进行概念化(conceptualizing)和类属化(categorization)的过程。陈向明(2000)指出研究者在进行开放性编码的时候一定要"悬置"个人的"观点",尽量避免文本分析的结果受到研究者个人主观意识的影响,既要"什么都相信",也要"什么都不相信"。

结合陈向明(2000)建议,研究二决定对开放性编码采用如下原则:① 不带有个人主观意识进行编码;② 4 位博士生成立编码小组同时进行编码,之后就编码产生的差异处进行讨论并取得一致意见;③ 研究小组对编码的结果进行讨论,需对产生意见分歧的地方进行协商并取得一致意见;④ 仔细编码,不遗漏被试想要传达的任何可能信息。

1. 概念化

概念化(conceptualizing)是质性研究的第一步,同时也是开放性编码的第一步。概念化需要研究者对原始文本中所描述的特质进行概念抽取,初步提炼每个条目的内涵。研究二主要是对品牌信任的两个维度进行调研的原始文本的概念化抽取,一个是品牌认知信任,总计条目为 343 条;另一个是品牌情感信任,总计条目为 336 条。

在进行概念化的同时,为了尽量保证原始文本的信息完整,① 4 位博士成立编码小组分别进行背对背编码,之后对编码结果进行汇总,就编码产生的差异进行充分协商,最终达成一致;② 同时,尽量保证对被调研对象的原义概括和阐述。表 5-2 和表 5-3 为概念化编码和类属化编码示例。

表 5-2 品牌认知信任条目概念化和类属化(示例)

编号	序号	原始文本描述	概念化	类属化
1	1a	了解其具体功能	了解功能	品牌功能
2	2a	首先这品牌是要有名气的	品牌有名	品牌知名度
4	4a	在家里经常使用的品牌	经常使用	品牌使用
5	5a	他人推荐的好用	他人推荐	品牌口碑
6	6a	觉得品牌产品质量好	品牌质量	品牌质量
7	7a	LV 皮带质量就是好,持久耐用	品牌质量	品牌质量
9	9a	诚信是根本	品牌诚信	品牌形象
10	10a	觉得这种品牌可以帮到自己	满足需求	品牌需求

续　表

编号	序号	原始文本描述	概念化	类属化
11	11a	过硬的品牌质量	品牌质量	品牌质量
69	69a	品牌高表示该产品优质、可靠	品牌质量	品牌质量
71	71a	质量过关	品牌质量	品牌质量
72	72a	质量、性能介绍等信息真是可靠	品牌质量	品牌质量
74	74a	品牌足够知名	品牌有名	品牌知名度
76	76a	对某一品牌的功能和可靠性有信心	品牌可靠	品牌质量
77	77a	做工比较精细	产品质量	品牌质量
78	78a	认可品牌产品的功效	产品功能	品牌功能
79	79a	质量有保证	品牌质量	品牌质量
80	80a	对某个品牌质量的认可和信任	品牌质量	品牌质量
131	31b	买了很放心的	品牌可靠	品牌质量
134	34b	品牌信誉好值得信任	品牌信誉	品牌口碑
135	35b	觉得该品牌很可靠	品牌可靠	品牌质量
136	36b	传达的人文含义	人文含义	品牌价值
137	37b	代表身份	代表身份	品牌定位
138	38b	得到某个行业的认知的,有检测报告	业内认可+品牌质量	品牌质量
139	39b	对该品牌的内涵、个性等有较充分的了解	品牌了解	品牌信息
140	40b	品牌自己要让人认可	品牌认可	品牌认可
141	41b	该品牌功能强大,符合我的需求	产品功能+满足需求	品牌功能
142	42b	用数据与证据说话	数据证据	品牌信息
143	43b	品牌认知信任就是当该品牌产品科技含量高时,我对该品牌很有信任	科技含量	品牌设计
144	44b	可以提升自身的身份	提升身份	品牌定位
146	46b	美的电器很耐用	产品耐用	品牌质量
216	16c	品牌的产品在价格上要高一点,但是用的时间长一些	产品质量	品牌质量
217	17c	产品信誉度高	产品信誉	品牌口碑
218	18c	电视广告大力宣传,增加印象	广告宣传	品牌宣传
229	29c	品牌提供的服务好	服务周到	品牌服务

续 表

编号	序号	原始文本描述	概念化	类属化
230	30c	服务态度很好	服务周到	品牌服务
231	31c	价格也很合理	价格合理	品牌价格
234	34c	品牌代言真实值得信任	品牌代言	品牌宣传
235	35c	喜欢该品牌的功能	喜爱功能	品牌功能
236	36c	品牌的普及率	品牌普及	品牌普及度
237	37c	显示得体大方	得体大方	品牌认可
238	38c	值得消费者认可的	大众认可	品牌认可
280	80c	品牌具有较好的创新力,不断推陈出新推出改善人们生活质量的产品,有优秀的品牌理念满足我的需求	品牌创新	品牌创新
311	11d	健健康康的生活理念	生活理念	品牌价值
312	12d	这个品牌很受年轻人的喜爱	受人喜爱	品牌认可
314	14d	相信这个品牌的其他产品	相信产品	品牌质量
316	16d	品牌的产品一般情况下不太出问题	产品可靠	品牌质量
317	17d	产品受欢迎	产品紧俏	品牌需求
318	18d	网络商城信誉评价也会增加信任	信誉评价	品牌口碑
319	19d	信任一个品牌需要时间的积累	时间积累	品牌价值
320	20d	经济实惠	经济实惠	品牌信息
321	21d	品牌产品安全性	产品安全	品牌质量
322	22d	该品牌使用的人多	普及率高	品牌普及度
323	23d	认为该品牌服务贴心、到位	服务贴心	品牌服务
324	24d	对于国际知名品牌的信任	品牌有名	品牌知名度
325	25d	觉得产品不会欺骗消费者	产品可靠	品牌质量

资料来源:经开放性编码,作者整理所得。

表 5-3　品牌情感信任条目概念化和类属化(示例)

编号	序号	原始文本描述	概念化	类属化
1	1a	经常听朋友或亲人提起	亲友提及	品牌口碑
2	2a	应该是经常购买这一品牌	经常购买	品牌认可
3	3a	用久了有感情	久用生情	品牌情结

续　表

编号	序号	原始文本描述	概念化	类属化
4	4a	该品牌让我内心得到了满足	内心满足	品牌情感需求
6	6a	消费者就是喜欢这个品牌	品牌喜爱	品牌喜爱
7	7a	创维电视老品牌值得拥有	品牌时间	品牌价值
8	8a	我喜欢这个品牌	品牌喜爱	品牌喜爱
9	9a	质量上乘	质量上乘	品牌质量
10	10a	包装好，是自己喜欢的类型	符合喜好	品牌情感需求
11	11a	更多的个性化体验	个性体验	品牌感触
24	24a	喜欢品牌	品牌喜爱	品牌喜爱
25	25a	品牌的购买也是回馈对自己的礼物	视为礼物	品牌认可
109	29b	在对该品牌功能性满意的基础上成为忠实使用者	品牌忠实	品牌情结
110	30b	情感是让人亲近的	品牌亲近	品牌亲切
111	31b	能够彰显个性	彰显个性	品牌定位
112	32b	对品牌的喜好程度	喜爱程度	品牌喜爱
113	33b	品牌自己要让人有共鸣	品牌共鸣	品牌共鸣
114	34b	某一品牌富有社会责任感	社会责任	品牌价值
115	35b	品牌溢价能力强	品牌保值	品牌认可
119	39b	对该产品和该品牌产生情感依赖	情感依赖	
120	40b	体现自身素质	体现素质	品牌定位
121	41b	由于喜欢这个品牌，所以觉得有亲切感	品牌亲切	品牌亲切
126	46b	对该品牌的产品质量底蕴信得过	质量底蕴	品牌质量
226	66c	会有用的东西，会值得珍惜	满足需求	品牌需求
227	67c	明星代言	明星代言	品牌形象
238	78c	情愫的信赖	品牌情愫	品牌情结
239	79c	朋友亲人的推荐	亲友推荐	品牌口碑
275	36d	对于某一品牌广告创意的喜欢时，会对品牌产生情感信任	喜爱创意	品牌设计
276	37d	手工制作，样子超前	精细超前	品牌设计
278	39d	受周围人的影响而对品牌产生特殊的好感	亲友影响＋品牌好感	品牌感触
279	40d	突出自己的价值认同	突出认同	品牌认同

续　表

编号	序号	原始文本描述	概念化	类属化
280	41d	由于喜欢这个品牌，所以觉得有成就感	品牌喜爱	品牌喜爱
281	42d	品牌打出感情牌可以激起人们的购买热情	感情购买	品牌情感需求
282	43d	就是单纯的喜欢，一种习惯	品牌喜爱	品牌喜爱
290	51d	顶尖品牌公司	品牌名气	品牌知名度
291	52d	亲朋好友都推荐	亲友推荐	品牌口碑
292	53d	品牌诉求入人心	深入人心	品牌知名度
293	54d	对客户负责	对客户负责	品牌服务
294	55d	觉得购买某种品牌的商品能够提升自己的幸福感	提升幸福感	品牌感触

资料来源：经开放性编码，作者整理所得。

对上述开放性编码结果有如下几点阐述。

首先，品牌认知信任和品牌情感信任的开放性问卷回收是一起进行的，但是属于一套问卷上的两个题目。虽然题目所含内容不一样，但是在对原始文本进行分析总结的时候仍然出现了一些可以用相同构念进行类属化的情况。这并不表明被调研对象在概念理解上具有交叉，相同的构念在不同的回答中的侧重点不一样。例如在品牌认知信任的类属化中都存在"品牌口碑"这一类属，但是通过追溯原始文本表达我们可以看出，这两类构念存在根本差异。在品牌认知信任中，"品牌口碑"更多的是强调消费者通过不同渠道对品牌外在信息的获取，主要集中在品牌的功能上。而在品牌情感信任中，"品牌口碑"更多的是强调消费者对品牌信息的了解是从亲朋好友等自己熟知的人处获取，主要强调由于人们之间过于亲近的关系而产生的品牌口碑。

其次，为了避免编码小组同时对两个维度进行编码而带来的混淆，品牌认知信任和品牌情感信任的原始文本分开进行编码，因此对品牌认知信任和品牌情感信任的开放性编码结果区分效度较好。

以下对品牌认知信任的相关条目进行举例分析。

（1）条目编号为76，样本编号为76a对品牌认知信任的描述为

"对某一品牌的功能和可靠性有信心。"

研究者将这一条目进行概念化为"品牌可靠"。

(2) 条目编号为 321,样本编号为 21d 对品牌认知信任的描述为

"品牌产品安全性。"

研究者将这一条目进行概念化为"产品安全"。

(3) 条目编号为 217,样本编号为 17c 对品牌认知信任描述为

"产品信誉度高。"

研究者将这一条目概念化为"产品信誉"。

以下对品牌情感信任的相关条目进行举例分析。

(1) 条目编号为 110,样本编号为 30b 对品牌情感信任的描述为

"情感是让人亲近的。"

研究者将这一条目进行概念化为"品牌亲近"。

(2) 条目编号为 230,样本编号为 70c 对品牌情感信任的描述为

"自己信任的人推荐。"

研究者将这一条目概念化为"亲友推荐"。

(3) 条目编号为 287,样本编号为 48d 对品牌情感信任的描述为

"个人爱好,情有独钟。"

研究者将这一条目进行概念化为"情有独钟"。

在开放性编码的过程中,编码小组对品牌认知信任 343 个条目,品牌情感信

任 336 个条目进行概念化。对品牌认知信任提炼出了 215 个概念描述,对品牌情感信任提炼出了 262 个概念描述,通过编码一致性的结果来看,概念化的过程是合理的且得到了较好的结果,这为下一步的类属化打下了良好的基础。

2. 类属化

开放性编码的第二步是对数据进行类属化。类属化是建立在概念化之上的,研究者需要将对原始文本提炼出来的概念化阐述再进行分类整理,抽象出更高阶层的一般特征。这主要是因为虽然已经对原始文本进行过概念化,但是抽象出来的一级编码仍然处于自由而宽泛的状态中,此时需要再对一级编码进行分类整理,形成系统性的类属,类属化是质性研究中的二级编码。研究二对概念化阐述进行类属化的工作是由 4 位博士组成的编码小组完成的,再进行背对背编码之后,编码小组对存在不同意见的地方进行讨论,并达成一致共识形成类属化结果。对品牌认知信任和品牌情感信任的类属化结果举例如表 5-2 和表 5-3 所示,以下对相关类属化进行举例分析。

首先,对品牌认知信任的类属化进行举例分析。

(1) 对概念化阐述"了解功能""产品功能""产品功能+满足需求""功能实用""功能优秀""喜爱功能""性能较好""功能认知""功能可靠""产品体验""实用考虑""功能强大""功能保证""方便好用""功能强大"等相关描述,都可以归结到"品牌功能"这一类属中。

(2) 对概念化阐述"性价比高""销售增多""品牌实力""品牌了解""数据证据""商品价格""经济实惠"等相关描述,都可以归结到"品牌信息"这一类属中。

(3) 对概念化阐述"品牌有名""社会了解""大牌品牌""顾客认识""大众了解"等相关描述,都可以归结到"品牌知名度"这一类属中。

其次,对品牌情感信任的类属化进行举例分析。

(1) 对概念化阐述"久用生情""一直使用""爱国情怀""情感归属""消费忠实""品牌怀旧""维护品牌""特别情绪""家庭专用""情怀追求""家乡品牌""符合风格""品牌情愫""陪伴成长""情有独钟""品牌归属""使用习惯""支持发展"等相关描述,都可以归结到"品牌情怀"这一类属中。

(2) 对概念化阐述"品牌喜爱""品牌兴趣""喜爱程度""品牌好感"等相关

描述,都可以归结到"品牌喜爱"这一类属中。

（3）对概念化阐述"内心满足""符合喜好""抓住心理""深度契合""感情购买"等相关描述,都可以归结到"品牌情感需求"这一类属中。

在通过编码小组对品牌认知信任的343条条目和品牌情感信任336条条目进行类属化之后,总共得到品牌认知信任的21个类属,同时也总共得到品牌情感信任26个类属。剔除出现频次低的类属和明显与维度不相关的类属,比如品牌认信任中的"品牌创新（出现1次）"和"品牌价值观（出现1次）",品牌情感信任中"品牌认同（出现1次）"和"品牌普及度（出现1次）"。将这些类属剔除后再对原有类属进行整理,得到品牌认知信任15个类属,品牌情感信任16个类属具体情况如表5-4所示。

表5-4 品牌认知信任和品牌情感信任类属出现频次

项 目	类 属	出现频次
品牌认知信任	品牌功能	20
	品牌知名度	26
	品牌形象	7
	品牌使用	8
	品牌口碑	25
	品牌质量	79
	品牌认可	20
	品牌设计	14
	品牌定位	8
	品牌宣传	8
	品牌价值	8
	品牌信息	15
	品牌服务	25
	品牌普及度	7
	品牌需求	15

续　表

项　目	类　属	出现频次
合　计		285
品牌情感信任	品牌服务	9
	品牌知名度	10
	品牌背景	7
	品牌喜爱	29
	品牌感触	21
	品牌认可	38
	品牌口碑	22
	品牌情结	42
	品牌定位	20
	品牌形象	19
	品牌设计	17
	品牌宣传	13
	品牌价值	10
	品牌情感需求	8
	品牌依赖	22
	品牌亲切	6
合　计		293

资料来源：作者整理。

5.2.4　轴心编码

轴心编码又叫二级编码。轴心编码是建立在开放性编码之上的，目的是为了发展主范畴和副范畴之间的关系，将主范畴发展成为副范畴的核心。Clarke(2005)认为轴心编码是类属的"精细化"，是类属进一步进行归类整合的结果。同时，陈向明(2000)认为，轴心编码应该是类属化通过一步一步地细致化和精细化总结得出，是将类属围绕一个"轴心"进行整合归纳。

研究二的轴心编码工作具体由两步构成。第一步,由编码小组对类属化的构念进行预轴心编码。4位博士组成的编码小组通过两次焦点小组讨论对轴心编码进行讨论。之后,研究小组内部再对轴心编码结果进行讨论,并最终达成一致共识。研究二对"品牌认知信任"和"品牌情感信任"的类属单独进行轴心编码。其中,品牌认知信任的15个类属通过轴心编码归类为5个轴心,分别是"品牌定位感知""品牌价值感知""品牌社会认可""品牌信息""品牌需求"。品牌情感信任的16个类属通过轴心编码归类为7个轴心,分别是"品牌质量""品牌知名度""品牌信息""品牌喜爱""品牌情感认可""品牌情结""品牌情感需求"。

第二步,研究小组通过讨论之后决定对品牌认知信任和品牌情感信任中条目出现频次少的轴心以及两维度之间含义相互冲突的轴心编码进行剔除。其中品牌认知信任剔除了"品牌价值感知(出现频次:12次)";品牌情感信任剔除了"品牌质量(和品牌认知信任构成成分冲突并且出现频次低:24次)";"品牌知名度(和品牌认知信任构成成分冲突并且出现频次低:11次)"和"品牌信息(品牌认知信任构成成分冲突并且出现频次低:12次)"。轴心编码结果如表5-5所示。

表5-5 品牌信任的轴心编码结果

项 目	轴 心	类 属
品牌情感信任	品牌喜爱	品牌喜爱
		品牌感触
	品牌情感认可	品牌认可(情感)
		品牌口碑(情感)
	品牌情结	品牌情结
		品牌依赖
		品牌亲切
	品牌情感需求	品牌定位(情感)
		品牌形象(情感)

续 表

项　目	轴　心	类　属
品牌情感信任	品牌情感需求	品牌设计（情感）
		品牌宣传（情感）
		品牌价值
		品牌情感需求
品牌认知信任	品牌定位感知	品牌定位（认知）
		品牌设计（认知）
	品牌社会认可	品牌口碑（认知）
		品牌普及度
		品牌认可（认知）
		品牌形象（认知）
	品牌信息	品牌知名度
		品牌价格
		品牌信息
	品牌需求	品牌宣传（认知）
		品牌服务
		品牌功能
		品牌使用
		品牌需求
		品牌质量

资料来源：作者整理。

5.3　质性分析结果

5.3.1　品牌认知信任构成成分

通过开放性编码和轴心编码之后，研究二获得了品牌认知信任的构成成分,具体如下。

(1) 品牌认知信任的构成成分之一:品牌定位感知。这一构成成分主要涉及品牌定位和品牌设计。品牌定位感知是消费者对品牌自身的定位产生的认识,是品牌带给消费者的一种潜在信息,这种潜在的信息能够影响消费者的理性认知信任。代表条目为:37a"代表一个层次";37b"代表身份";44b"可以提升自身的身份";49d"品牌是自身价值观的直观体现";69d"品牌高表示该产品处于高端之列";63b"品牌辨识度要高";79b"设计好";91b"有自己家独特的产品";27c"这个品牌代表国内高端技术"。

(2) 品牌认知信任构成成分之二:品牌社会认可。这一构成成分主要有品牌口碑、品牌普及度、品牌认可、品牌形象以及品牌知名度。品牌社会认可主要是品牌受到社会大众的认可,而这种认可本身就是一种客观信息,会影响到消费者对品牌的客观了解程度,从而影响到消费者对品牌的理性认知信任。代表条目为:31a"大家都认可的";88a"品牌的信誉";27b"这个品牌社会认知度高";29b"品牌是这个业内的翘楚";24d"对于国际知名品牌的信任";90d"大家都认识满足虚荣心";29d"品牌经常出现在我的视线内";52d"这个产品是个大牌子,朋友都在用"。

(3) 品牌认知信任构成成分之三:品牌信息。这一构成成分主要是由品牌价格、品牌信息和品牌宣传构成。品牌信息主要强调的是品牌给消费者传达的客观信息,这些信息包括品牌产品和服务的价格,以及品牌自身的广告宣传等,这些信息会影响消费者对品牌的理性认知信任。代表条目为:1c"性价比超高";51c"对品牌的了解越深入,对它信任越容易";54c"便宜没好货";83c"性价比高就好了";20d"经济实惠";52b"这个产品价格上比较合理";31c"价格也很合理"。

(4) 品牌认知信任构成成分之四:品牌需求。这一构成成分主要是由品牌服务、品牌功能、品牌使用、品牌需求和品牌质量构成。品牌需求主要是说明消费者对品牌的产品和服务有着自己的需求。换句话说,品牌的产品和服务的功能上能够满足消费者。代表条目为:62a"喜欢这个牌子的质量";64a"质量有保障";69a"品牌高表示该产品优质、可靠";71a"质量过关";72a"质量、性能介绍等信息真是可靠";64b"服务有保障";90b"品牌商家售后服务好";9c"服务优秀";29c"品牌提供的服务好"。

5.3.2 品牌情感信任构成成分

研究二同时也获得了品牌情感信任的构成成分,具体如下。

(1) 品牌情感信任构成成分之一:品牌喜爱。这一构成成分主要包含品牌喜爱和品牌感触。品牌喜爱主要是说消费者通过对品牌或者是品牌产品和服务的体验和使用进而对品牌自身产生喜爱之情。代表条目为:21c"该品牌让人感觉幸福";25c"品牌的得到那种心情无以言表";35c"广阔的空间";5d"使用该品牌后自己心情也不错";8d"它能使我心情舒畅";6a"消费者就是喜欢这个品牌";8a"我喜欢这个品牌";21a"喜欢该品牌";24a"喜欢品牌";41a"由于喜欢这个品牌,所以觉得有认同感"。

(2) 品牌情感信任构成成分之二:品牌情感认可。这一构成成分主要包含品牌认可(情感)和品牌口碑(情感)。品牌认可主要是说消费者对品牌在情感层面上进行认可,这主要通过消费者受到自身有情感联结的个人的影响,或者是自身完全主观的认可购买这个品牌的产品和服务。代表条目为:44a"很喜欢这个品牌的理念";46a"对该品牌无论出什么样的产品所表示的内涵均表示信任";22b"该品牌的理念和我的相同";25b"品牌的购买也是对自己的一种激励";27b"受到大家喜欢";35b"品牌溢价能力强";70c"自己信任的人推荐";79c"朋友亲人的推荐"。

(3) 品牌情感信任构成成分之三:品牌情结。这一构成成分主要包含品牌情结、品牌依赖、品牌亲切。品牌情结的含义很明显,主要是说消费者对某个品牌有情结,这种情结反映在消费者认为这个品牌能够代表"家国情怀"或者是这个品牌从小陪伴自己一起成长,看到这个品牌能够勾起消费者自身对家的思念。代表条目为:36a"对于某一品牌在情感上的归属感时,会产生品牌情感信任";39a"长期使用某品牌的产品和服务";45a"对自己常用品牌有了感情,所以信任";3b"寄托某种情感";18b"产生了依赖";26b"我依赖这个品牌";28b"觉得品牌像可依赖的朋友";18a"感觉好的品牌就像家人一样";28a"看到品牌样式有亲近感";30b"情感是让人亲近的"。

(4) 品牌情感信任构成成分之四：品牌情感需求。这一构成成分主要包含品牌定位、品牌形象、品牌定位(情感)、品牌形象(情感)、品牌设计(情感)、品牌宣传(情感)、品牌价值和品牌情感需求。品牌情感需求主要是说品牌能够在情感上满足消费者。区别于品牌需求，这里的品牌情感需求不是聚焦在品牌产品和服务的功能能否满足消费者，而是侧重品牌的定位，品牌的形象等能够使得消费者在主观意识上产生满足感。代表条目为：4a"该品牌让我内心得到了满足";5a"品牌的包装的推广是符合自己的喜好的";10a"包装好,是自己喜欢的类型";44b"喜欢这个品牌的代言人";58b"对某个品牌的社会形象评价高";4c"该品牌是我最喜欢的明星代言";31d"很喜爱这个牌子款式,色彩";36d"对于某一品牌广告创意的喜欢时,会对品牌产生情感信任"。

基于之前对信任的研究以及上述质性研究结果，研究二认为：品牌信任是具有双重维度的，这种双重维度分别为品牌认知信任和品牌情感信任。其中，品牌认知信任由品牌定位感知、品牌社会认可、品牌信息和品牌需求构成；品牌情感信任由品牌喜爱、品牌情感认可、品牌情结和品牌情感需求构成。具体情况如图 5-2 所示。

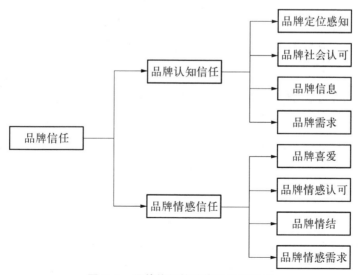

图 5-2　品牌信任的结构及构成维度

5.4 量表结构与题项开发

研究二的质性研究部分阐明了品牌信任的两个维度是什么及其构成成分。陈晓萍、徐淑英和樊景立(2012)指出,开发一个具有构念效度的量表需要理论构建和测量指标/题目(indicator /item)具备高度的一致性。也就是说,当量表的测量指标/题目和研究者所需要研究的构念之间达成高度一致时,量表才能够完整测量抽象出来的理论或构念。量表开发一般有如下步骤:① 研究构念;② 产生测量题目;③ 对题目的信度和效度进行分析;④ 修改并形成量表。

5.4.1 研究构念

构念研究是管理学的基础研究(罗胜强,2014)。在管理学的研究中,几乎大多数研究问题都集中在构念和构念之间的因果关系上,同时也有一部分研究聚焦在构念自身的定义和边界上。构念作为研究的基础,必须是"抽象的、潜在的,而不是具体的、可观察的(Nnnally and Bernstein, 1994)",但是为了研究的需要,研究者需要将构念依照其本身的特点进行转化,使之变成"具体的,可测量的"。为实现构念特点的转化,需要进行如下几个步骤:① 明确目标构念的性质;② 明确目标构念与其相近构念的差异点;③ 确认理论构念的层次;④ 确认构念包含的内部成分;⑤ 说明目标构念的前因变量和后置变量(陈晓萍、徐淑英和樊景立,2012)。

对于构念自身的性质和定义而言,一个符合学术规范要求的构念定义不能过于晦涩难懂,不能产生歧义,且不能使用文学修辞方法。构念本身必须具有区分效度,也就是说,目标构念不能跟其他构念的定义完全重复。综上所述,研究二对于品牌信任的双维度研究是按照学术规范要求来进行的。之前的文献综述部分已经解决了上文中:① 明确目标构念的性质;② 明确目标构念与其相近构念的差异点;④ 确认理论构念的内部成分;⑤ 说明目标构念的前因变量和后置变量这四个步骤的问题,而之后的质性研究也同时解决了③确认理论构念的层次这个问题。

具体而言,本书研究先是通过文献综述提出品牌信任的构念的定义以及其双维度划分(品牌认知信任和品牌情感信任),在通过研究小组讨论和相关文献的参考提出品牌认知信任的定义和品牌情感信任的定义。为了对这两个维度进行更好的诠释,研究二通过设计开放性问卷的方式来对这两个维度进行探索研究,研究者对品牌认知信任 343 条条目和品牌情感信任 336 条条目进行编码整理之后得到品牌认知信任的 4 个轴心和品牌情感信任的 4 个轴心。

5.4.2 量表性质

研究二针对品牌信任设计的量表有一定适用范围和使用要求。对品牌信任(品牌认知信任和品牌情感信任)的量表性质规定主要从以下三个方面出发,分别是"适用对象""类别属性"和"计分形式"。

研究二设计的品牌信任量表的适用对象为一般消费者。在类别属性上,此量表适用于市场营销方向一般性调研和诊断性调研,用于了解一般消费者对某指定品牌的信任情况。此量表的计分形式采用李克特 5 点计分,1 分到 5 分分别对应"完全不同意""不同意""一般""同意""完全同意"。李育辉、谭北平和王芸(2006)指出,李克特 5 点计分的问卷回复率比 7 点计分甚至是 10 点计分的 Likert 量表要高,同时 5 点计分的 Likert 量表不会给被调研者产生巨大的心理压力。Winter 和 Joost(2010)也指出 5 点计分方法是比较合适的计分方法,低于 5 分不能完备的测量出构念,高于 5 分则增加被试的分辨难度。

5.4.3 量表结构

之前对品牌信任的双维度(品牌认知信任和品牌情感信任)的质性研究已经揭示了关于品牌信任的双维度构成情况。研究二通过开放性编码和轴心编码,对品牌认知信任 343 条条目和品牌情感信任 336 条条目进行质性分析发现,品牌认知信任包含 4 个成分,分别是品牌定位感知、品牌社会认可、品牌信息和品牌需求。同样的品牌情感信任也包含 4 个成分,分别是品牌喜爱、品牌情结、品牌情感需求和品牌情感认可。而之前对品牌信任的文献综述可以看出,品牌信任可以分为品牌情感信任和品牌认知信任两个维度。

基于以上分析,研究二对品牌信任的量表结构设计如表 5-6 所示。

表 5-6　品牌信任量表结构

构　念	维　度	轴　心	问项设计数量
品牌信任	品牌认知信任	品牌定位感知	1
		品牌社会认可	1
		品牌信息	1
		品牌需求	1
	品牌情感信任	品牌喜爱	1
		品牌情感认可	1
		品牌情结	1
		品牌情感需求	1

资料来源:作者整理。

5.4.4　形成题项

陈晓萍、徐淑英和樊景立(2012)认为,在对构念定义划分明确之后,可以沿着两种不同的思路发展测量指标/题项:演绎法和归纳法。很多学者都对这两种方法有着自己的理解,同时比较经典的观点源自 Hinkin(1998)对量表开发演绎法和归纳法的观点。他认为演绎法的题项开发是基于研究者对构念的理解发展出来的,这是一种"自上而下"的量表开发模式。而归纳法则相反,归纳法是研究者对构念认识不完全,需要通过定性方法来对构念本身进行探讨,进而对构念产生测量指标,这是一种"自下而上"的量表开发模式。同时 Clark 和 Watson(1995)也提出了问卷题项设计的两条指导原则。首先就是测量的题目/指标在涵盖原有构念的基础上需要进行拓展。其次就是研究者在构念不清晰的情况下,可以适当发展出一些与构念内容相关度不高的题项。

研究二重点聚焦在品牌信任的双维度构成成分和量表开发上，通过之前的文献分析可以得知品牌信任分为品牌认知信任和品牌情感信任两个维度，并通过质性研究得出品牌认知信任包括 4 个构成成分，品牌情感信任同样也包括 4 个构成成分。品牌认知信任量表在品牌研究领域已经很成熟了，而对品牌情感信任的研究在品牌研究领域中并不充分。虽然质性研究已经划分出品牌认知信任和品牌情感信任的含义和范围，但是由于质性研究本身存在的固有缺陷，这两个维度还需要研究者设计一些问项制定原则加以完善。

综上所述，研究二的问项设计原则为：① 大量参考已有的品牌信任文献。通过之前研究的文献来使得研究者更加客观和全面地设定本书研究中的品牌信任问项。② 在完全明确构念含义和维度含义之后再进行问项设计。研究二中，研究者对构念含义和维度含义进行反复思考，在清晰的构念和维度含义基础上开发问项。③ 基于质性研究的结果进行问项开发。④ 邀请专家对问项进行审核并在之前的研究基础上进行再设计和完善。

综合以上，研究二设计出本书研究所需的品牌信任量表，如表 5-7 所示。

表 5-7　品牌信任量表初步设计

构念	维度	轴心	题项编号	问项设计
品牌信任	品牌认知信任	品牌定位感知	BRT1	这个品牌的定位十分符合我的需求。
		品牌社会认可	BRT2	我认为该品牌受到社会大众的广泛认可。
		品牌信息	BRT3	我获取了这个品牌的大量信息，对这个品牌十分了解。
		品牌需求	BRT4	我认可这个品牌的质量并需求其功能。
	品牌情感信任	品牌喜爱	BET1	我喜爱这个品牌。
		品牌情感认可	BET2	我认可这个品牌。
		品牌情结	BET3	我对这个品牌有情结。
		品牌情感需求	BET4	这个品牌能满足我的情感需求。

资料来源：作者开发。

5.5 品牌信任量表调研和信效度分析

为了对上述条目进行效度和信度检验，研究二针对此问卷设计了预调研。此次调研通过在线平台"问卷星"发放，目的是为了检测研究二开发出来的量表的信度和效度，为进一步完善品牌信任的双维度量表提供了实证基础。

5.5.1 数据来源

研究二将品牌信任双维度量表通过网络平台发放。发放方式是委托发放，委托回收有效问卷 200 份，实际回收 203 份。之后通过 SPSS19.0 对问卷进行信度和效度的检验，主要是量表项目分析和探索性因子分析，最后通过数据结果，再结合专家意见形成最终量表。表 5-8 是本次调研的基本人口特征统计情况。

表 5-8　对品牌信任量表信度和效度进行调研的基本人口统计特征

个体特征	类　　别	人数	百分比
性　别	男	102	50.25%
	女	101	49.75%
年　龄	18 岁以下	1	0.49%
	18—25 岁	33	16.26%
	26—30 岁	58	28.57%
	31—40 岁	82	40.39%
	41—50 岁	17	8.37%
	51—60 岁	10	4.93%
	60 岁以上	2	0.99%
学　历	高中及以下	13	6.40%
	大专	39	19.21%

续表

个体特征	类　别	人数	百分比
学　历	本科	138	67.98%
	硕士及以上	13	6.40%
从事的行业	政府机关或事业单位	36	17.73%
	企业职工	133	65.52%
	个体商业户	14	6.90%
	学生	11	5.42%
	其他	9	4.43%
月收入	1 000 元以下	10	4.93%
	1 000—3 000 元	13	6.40%
	3 000—5 000 元	52	25.62%
	5 000—8 000 元	74	36.45%
	8 000 元以上	54	26.60%

注：N=203。
资料来源：作者整理。

5.5.2　效度分析

效度(validity)是指研究者设计的测项能够测量欲测构念的程度(吴明隆，2003)。效度反映了量表是否可以完全反映出量表所要测的构念。研究的效度包括内部效度(internal validity)和外部效度(external validity)。内部效度聚焦于研究本身叙述性的正确性和真实性，外部效度则聚焦于研究推论的正确性和真实性。对效度的分类主要有以下三种：① 内容效度(content validity)；② 效标关联效度(criterion-related validity)；③ 建构效度(construct validity)。

(1) 内容效度。内容效度指测验或量表内容(题目)的代表性和适合性。也就是说，内容效度主要探讨的是量表题项设计是否可以合适地测试出研究者欲观测的构念。内容效度注重题项设计是否合理，这属于一种逻辑分析，因此内容效度又称为逻辑效度(logical validity)。研究二对品牌信任双维度量表的内容效度的保证主要是通过如下工作来进行。首先是4位博士的编码小组进行问卷题项讨论，达成一致共识后再在研究小组内部进行讨论，讨论达成一致后，请专家进行审核并给出考评建议。通过这三步的完整实施，品牌信任双维度量表的内容效度可以得到有效保证。

（2）效标关联效度。

效标关联效度指的是测验与外在效标间的关系程度。测验与外在效标之间的关系度越高，表示此测验的效标关联效度越高。效标关联效度研究的是测验分数和效标间的关系，属于实证分析，因此此效度又称为实证性效度(empirical validity)。

（3）建构效度。

建构效度指的是测验能够测量构念的程度；也就是说，一份具有高建构效度的量表能够在最大程度上反映出研究者欲测量的构念。王保进(2007)认为建构效度既具有逻辑分析的基础，又能通过实证检验结论的正确性，是一种非常严谨的效度检验方法。建构效度主要包含以下步骤：① 通过文献来对构念本身进行探讨；② 选择适当的测量工具；③ 选择适当的受试者；④ 以统计检验方法来探讨测试能否有效的检测研究者欲测量的构念。研究二选择通过探索性因子分析来对品牌信任双维度量表的建构效度进行测量。

5.5.3 探索性因子分析

1. KMO检验和Bartlett球形检验

为了对量表的建构效度进行分析，研究二决定对调研问卷进行探索性因子分析。因此，首先需要观察数据是否适合进行探索性因子分析。研究二决定采用KMO(Kaiser-Meyer-Olkin)样本测度和巴特利特球形检验来对相关数据进行分析，检测条目之间的相关性(赵国祥、申淑丽和高冬东，2003；侯东哲、张颖和巫嘉陵，2012)。

KMO测度值一般在0到1之间，如果KMO值越大，说明各条目之间的相关度越高,越适合进行探索性因子分析;KMO 值越小,说明各条目之间的相关度不太高,不太适合做因子分析。通过参考 Kaiser(1974)的观点,认为 KMO 值一般控制在 0.7 以上就比较适合进行因子分析。对品牌信任双维度量表进行 KMO 检验得到 KMO 测度值为 0.830,大于 0.7,说明此量表通过了 KMO 检验。

对于 Bartlett 球形检验而言,如果统计值较大的话,题项之间相互关系并适合做因子分析,反之不适合做因子分析。通过 SPSS19.0 进行的 Bartlett 球形检验得到品牌信任双维度量表的卡方值为 514.808,自由度为 28,P 值为 0.000。发现 Bartlett 球形值在 0.001 的水平上显著;也就是说,卡方值足够大,能够对量表数据进行探索性因子分析。

2. 探索性因子分析

研究二通过 SPSS19.0 对品牌信任的双维度量表进行探索性因子分析。研究二在探索性因子分析的时候主要采用主成分分析法,并设定提取的公因子为 2,检验结果如表 5-9 所示。

表 5-9 品牌信任量表的探索性因子分析结果(未旋转)

题 项	主 成 分	
	主成分 1	主成分 2
BET1	0.780	
BRT1	0.709	
BRT2	0.702	
BRT4	0.698	
BET2	0.683	
BRT3	0.677	
BET4		0.659
BET3		0.602

注:N=203。
资料来源:作者整理。

之后再对上述结果用最大变异法进行因子旋转进行探索性因子分析,依旧采用主成分分析法,设定提取的公因子为 2。所得结果如表 5-10 所示。

表 5-10　品牌信任量表的探索性因子分析结果(旋转)

题项	主成分	
	主成分 1(正交旋转后)	主成分 2(正交旋转后)
BRT1	0.786	
BET2	0.778	
BRT3	0.725	
BET1	0.666	
BRT2	0.601	
BRT4	0.596	
BET4		0.862
BET3		0.824

注：N=203。
资料来源：作者整理。

一般来说，成熟量表的因子载荷需要在 0.7 以上，通过以上因子分析结果可以看出，设计题项中品牌认知信任的 BRT1、BRT2 和 BRT3 以及品牌情感信任中的 BET3 和 BET4 的因子载荷都在 0.7 以上，符合要求。但是在品牌认知信任中的题项 BRT4 因子载荷低，并未达到要求。并且通过探索性因子分析可以得知，品牌情感信任中的 BET1 和 BET2 和品牌认知信任的题项都隶属于主成分 1；也就是说，BET1 和 BET2 和品牌认知信任的题项相关程度大，题项开发并不符合要求。

5.5.4　信度分析

信度(reliability)是量表的可靠性和稳定性(吴明隆，2003)。在对量表进行探索性因子的效度检验之后，需要对量表的信度进行检验，这样才能看出量表是否可以精准、稳定以及可靠地测量出研究者欲测量的构念(陈晓萍、徐淑英和樊景立，2012)。通常对量表的信度检验采用的 L.J Cronbach 所创立的 α 系数(Cronbach，1951)，其公式为

$$\alpha = \frac{K}{K-1}\left(1 - \frac{\sum S_i^2}{S^2}\right)$$

其中，K 为量表所包含的总题项数目；$\sum S_i^2$ 为量表题项的方差总和；S^2 为量表题项加总后的方差。

α 值介于 0 到 1 之间，一般来说，Nunnally(1978)认为 α 值在 0.7 以上，量表题项就具有较高的信度。研究二对品牌信任的双维量表的信度分析如表 5-11 所示。

表 5-11 品牌信任量表的信度分析结果

构念	Cronbach's α	维度	题项	Cronbach's α	修正项目总相关	题项删除后的 α 值
品牌信任	0.827	品牌认知信任	BRT1	0.741	0.566	0.805
			BRT2		0.581	0.803
			BRT3		0.544	0.808
			BRT4		0.579	0.804
		品牌情感信任	BET1	0.698	0.671	0.791
			BET2		0.540	0.808
			BET3		0.486	0.818
			BET4		0.467	0.82

注：N=203。
资料来源：作者整理。

通过上述信度分析可以得知，品牌情感信任的 α 值略低于 0.7。所以在修正问卷形成的时候，还需要对上述开发出来的问卷进行专家审核以及题项语句调整，保证其信度在 0.7 以上。

5.6 修正问卷形成

5.6.1 专家意见

通过上述调研结果可以看出，研究二关于品牌信任的双维度题项设计没有达到信度和效度的要求。所以在这个基础上，研究小组邀请专家对题项重新进行调整。研究二邀请的两位专家分别来自复旦大学管理学院企业管理系和香港城市大学商学院市场营销系。

两位专家同时对题项进行了讨论并形成审评意见：

（1）品牌信任是消费者愿意对品牌产品承担风险的一种心理状态。

（2）认知信任是基于对品牌产品功能及其质量了解、评价后产生的一种承担风险的意愿，即愿意掏钱购买。

（3）情感信任则是因为喜欢该品牌而对该品牌产品产生的购买意愿。

（4）每个测项必须是中性的，不能包含任何诱导性。

5.6.2 修正问卷形成

通过以上专家意见可以看出，本量表之所以在信度和效度方面没有达到要求是因为题项设计的语言并未反映出真实的品牌认知信任和品牌情感信任。所以本书结合专家意见以及之前的探索性因子分析结果对题项重新进行了调整，形成品牌信任双维度的修正问卷。具体如表 5-12 所示。

表 5-12 品牌信任量表（修正）

构念	维度	轴心	题项编号	问项设计
品牌信任	品牌认知信任	品牌定位感知	BRT1	该品牌产品的质量总是让我满意
		品牌社会认可	BRT2	该品牌是一个诚信的品牌
		品牌信息	BRT3	我了解这个品牌产品的功能与质量，所以我对该品牌有信心
		品牌需求	BRT4	我购买该品牌的产品，是因为我对其产品功能有信心
	品牌情感信任	品牌喜爱	BET1	我就是在情感上喜爱这个品牌
		品牌情感认可	BET2	我对这个品牌热爱让我买这个品牌的产品
		品牌情结	BET3	我对这个品牌情有独钟
		品牌情感需求	BET4	不用这个品牌我会觉得不开心

资料来源：结合数据分析和专家意见，作者整理所得。

5.7 研究结论

通过以上研究可以得出研究二的研究结论,具体如下。

(1) 对品牌信任的维度进行了再定义。通过之前的文献整理提出品牌信任由两个维度构成,分别是品牌认知信任和品牌情感信任。

(2) 对品牌信任的双维度成分构成进行了探索性分析。通过质性研究发现,品牌认知信任主要由如下四个部分构成:品牌的定位感知、品牌的社会认可、品牌信息和品牌需求。而品牌情感信任则包含以下四个部分,分别是品牌喜爱、品牌情感认可、品牌情结和品牌情感需求。

(3) 对品牌信任的量表进行了重新开发。研究小组通过质性研究得到品牌信任双维度构成成分,进而开发出品牌信任的双维度量表。并对量表进行了信度和效度的分析,通过探索性因子分析和专家评审意见得出品牌信任的双维度量表。

5.8 本章小结

本章首先对品牌信任的文献进行了梳理,通过文献演绎,提炼出品牌信任的认知信任和情感信任双维度构念。进而通过设计并发放开放性问卷100份,回收有效问卷80份来对品牌信任的双维度构成进行研究。通过研究发现,品牌认知信任和品牌情感信任都分别由四个部分组成,其中品牌认知信任由品牌的定位感知、品牌的社会认可、品牌信息和品牌需求构成。而品牌的情感信任由品牌喜爱、品牌情感认可、品牌情结和品牌情感需求构成。研究小组在此基础上再对品牌信任的量表进行开发,通过探索性因子分析发现研究小组对品牌信任的初始量表在语言表述上存在问题,进而再通过专家意见对初始量表进行调整,并得到品牌信任的最终量表。研究二的顺利完成为研究三的大范围样本调研和假设检验提供了良好的基础。

6 研究三(一)：问卷调查研究设计和预调研

6.1 研究方法

本书通过经典的演绎法来提出研究模型，主要是通过文献的梳理和理论的假设来推出本书的研究假设(陈晓萍、徐淑英和樊景立,2012)。本书主要采用问卷调查法来对相关模型和假设进行验证，其数据性质为一手数据。

6.1.1 问卷设计方法

问卷调查法是在社会科学研究中常用的研究方法(风笑天,1994;郑晶晶,2014)，但是一项问卷调查研究的准确性高低也多是与问卷本身的质量相关的(风笑天,1994)。通常来说，一项适合本书研究的问卷需要研究者通过反复推敲并查阅相关资料获取。鉴于此，本书采用的问卷主要来自发表在高水平期刊上的成熟问卷，同时结合专家意见，基于中国情境进行适当调整。

1. 问卷设计原则

陈晓萍、徐淑英和樊景立(2012)认为实施问卷调查法简单而有效，但一项研究的问卷需要符合自身研究需要的要求，并且为了保证被试在填写问卷时的态度和行为是符合问卷调查要求的，研究人员必须通过问卷设计来确保问卷调查的质量(Fowler, 2009)。而被试对问卷的回答是提高问卷的信度和效度的关键因素之一，所以研究三通过借鉴之前相关文献要求设立如下问卷设计原则(陈晓萍、徐淑英和樊景立,2012)：

(1) 尽量沿用已有高水平量表。本书的问卷设计原则尽量选择已经开发出来的,并且已经发表在高水平期刊上的量表。因为这些量表是诸多研究人员反复论证,且对量表开发做了大量的研究和实证工作得出的,可以十分便捷地为我们的研究提供条件和手段。沿用现有量表有很多优势,在文献中被多次引用的量表信度和效度都较高,并且这些量表的认可度也较高(陈晓萍、徐淑英和樊景立,2012)。

(2) 为了避免成熟量表的文化差异,研究三的量表尽量选择已有中国学者验证过的中文版译表。发表在高水平期刊上的论文所用的量表更多是基于西方情境开发的,这些量表是否能够满足中国情境需要进一步验证。而经过中国学者翻译和检验过的中文版译表已经证实了量表在中国情境下的适用性。

(3) 如果并未发现有中国学者对那些在西方情境下开发并发表的量表进行翻译和检验的话,研究小组决定遵循 Brislin(1980)对量表的要求,实行双向互译。具体操作如下:聘请通过高级英语专业水平考试,具有翻译硕士学位的四位翻译人员,分成两组,每组两位。其中一组将原文量表翻译成为中文,而另一组将翻译成中文的量表再翻译回英文。在这个过程中,研究小组对差异的地方进行讨论,并达成一致意见(陈晓萍、徐淑英和樊景立,2012)。

(4) 通过寻找市场营销领域的专家来获取最终的问卷编撰。研究三通过寻找复旦大学管理学院和香港城市大学商学院的专家对最终的问卷进行编撰。

通过以上四条原则,研究小组形成修正问卷初稿,在预调研之后结合数据分析结果形成最终大规模问卷调研正式问卷。

2. 问卷结构安排

研究三的问卷结构主要安排为六个部分。第一部分是导语,主要说明了问卷调查的发起主体和使用目的,并对被试保证其信息保密,并且只用做科研。最后对被试表示感谢。第二部分是品牌选择。主要是让消费者对自己熟悉的品牌进行选择。其中,一次调研的问卷设计是针对"理性体验型品牌"进行设计,而这些品牌源自研究一建立的品牌池,分别是:联想(Lenovo)、华为(Huawei)、安踏(Anta)和百雀羚(Pechoin)。而另一次调研的问卷设计是针对

"感性体验型品牌"进行设计,而这些品牌同样源自研究一建立的品牌池,分别是:苹果(Apple)、星巴克(Starbucks)、耐克(Nike)和香奈尔(Chanel)。第三部分是对品牌体验的测度,品牌体验分为两个维度感性体验和理性体验,其中每个维度3个测项,总计6个测项。第四部分是对品牌依恋和产品依恋的测度,品牌依恋采用单维度构念,总计有4个测项,产品依恋也采用单维度构念,总计4个测项。第四部分总计8个测项。第五部分是对品牌信任进行测度,品牌信任是双维度总计8个测项,其中品牌认知信任4个测项,品牌情感信任4个测项。第六部分是对基本人口特征进行测度,这部分也是对控制变量进行测度。其中包含性别、年龄段、最高学历、所从事的行业和目前月收入,总计5个测项。

6.1.2 问卷分析方法

1. 试调研问卷分析方法

研究三试调研对问卷采用探索性因子分析法(exploratory factor analysis)和信度分析(reliability analysis)两类检验,主要是检测量表的信度和效度。研究三主要采用SPSS 19.0对问卷进行信度和效度分析。

2. 大规模调研问卷分析方法

研究三主要通过SPSS 19.0和Amos 24.0对问卷进行分析处理。主要分析方法为描述性统计(descriptive statistic)、验证性因子分析(confirmatory factor analysis)、信度分析、效度分析(validity analysis)、相关分析(correlation analysis)、分步层次回归分析(stepwise regression analysis)以及多重中介检验(multiple mediation test)等。其中,Amos 24.0用于验证性因子分析和效度分析,SPSS 19.0用于描述性统计分析、相关分析和回归分析。

6.2 变量测度

在变量测度方面,由于本书研究采用的量表多是基于西方文化情景开发出来的,所以本书研究的变量测度都按照 Brisilin(1980)的建议采用双向互译。具体过程如下:本书聘请了四位某高校的翻译硕士对量表进行双向互译。这四位翻译硕士中有三位已经通过专业英语八级,还有一位通过专业英语四级。本次双向互译工作将这四位翻译硕士分为两个小组。第一个小组对量表原文进行翻译,翻译方向为英译汉。研究小组要求英译汉小组(2人)经过汇总解决不一致的地方之后,交给研究小组一份译表。之后研究小组将这份译表再交给第二个翻译小组进行汉译英。同样在翻译结束之后,研究小组要求汉译英小组(2人)经过汇总讨论,交给研究小组一份英语译表。之后,研究小组使用最后的英语译表和原量表进行比对,讨论解决不一致的地方。最后,再将量表交予专家,由专家做出最后的量表编撰工作。

6.2.1 自变量测度:品牌体验

通过之前的文献综述,本书认为品牌体验是"是消费者主观的、内在的反应(包括感官、感觉以及认知),同时也是消费者对品牌的设计、身份、包装、交流以及环境的部分行为反应"(Brakus and Schmitt,2009)。其中,本书研究认为品牌体验包含两个维度,分别是"理性体验型"和"感性体验型"(Morrison, 2007; Iglesias,2011)。Morrison(2007)认为品牌感性体验是品牌的一系列设计和包装等因素给消费者带来刺激,进而引发消费者的情感。而 Iglesias(2011)认为品牌理性体验是消费者对品牌的产品和服务功能性的感知。因此,本书最终基于 Brakus 和 Schmitt(2009)的研究,并结合 Morrison(2007)对品牌感性体验的定义和 Iglesias(2011)对品牌理性体验的定义,提炼出品牌体验的双维度量表。

而 Brakus 和 Schmitt(2009)的量表在中国已经得到广泛的验证。其中很多学者都对这一经典量表进行翻译,比如姚琦和黄佳(2015)在研究品牌体验对消费者品牌关系质量的时候就对这一量表进行了翻译;李启庚和余明阳(2011)也对这一量表进行了翻译。这为本书研究提炼所需的中文版量表建立了充分的基础。同时,参考 Brislin(1980)的意见,本书对品牌体验的量表还进行了双向互译,最后交给专家进行量表的最终编撰,得到品牌体验的测度量表(见表 6-1)。

表 6-1 品牌体验测度量表

序号	维度	条目	条目来源
BEE1	品牌感性体验	该品牌给我强烈的感官刺激	Brakus and Schmitt (2009);李启庚和余阳明(2011);专家编译
BEE2		该品牌让我有情感共鸣	
BEE3		该品牌让我觉得自己与众不同	
BEE4		该品牌很符合我的个性	
BRE1	品牌理性体验	该品牌的功能引起我的思考	
BRE2		该品牌让我了解一些新的知识	
BRE3		该品牌让我想去探索产品功能	

资料来源:作者整理。

其中品牌体验的测量量表采用李克特 5 点量表,让消费者进行填写。分数具体分为:1 是"完全不同意";2 是"不同意";3 是"一般";4 是"同意";5 是"完全同意"。

6.2.2 中介变量测度一:品牌依恋

本书研究的品牌依恋为单维度构念。本书对品牌依恋的定义:"自身和品牌之间在认知和情感上的联结强度(Park,2006;Thomson,2006)"。参考关于品牌依恋研究的文献(Weiss,1982;Arnould and Price,1993;Thomson,2006;Dunn & Hoegg,2014),本书认为 Thomson(2006)对品牌依恋的量表比较具有代表意义,所以采用 Thomson(2006)的品牌依恋量表。此外,这份量表在中国文化情景下已经得到相关研究学者的验证,夏玲和戴春林(2010)就对这份量表进行了翻译,同时周健明和邓诗鉴(2015)通过研究品牌依恋对消费惯性和品牌忠诚的影响,也对 Thomson(2006)的量表进行了翻译。同时本书还对这份量表采用双向翻译的策略,最后整合专家意见,形成本书研究的品牌依恋量表(见表 6-2)。

表 6-2 品牌依恋测度量表

序号	条目	条目来源
BA1	我视该品牌为我的一个好朋友	Thomson(2006);周健明和邓诗鉴(2015);专家编译
BA2	如果该品牌退出市场,我会感到难过	
BA3	当别人夸奖该品牌时,我会感到自豪	
BA4	我愿意溢价购买该品牌的产品	

资料来源:作者整理。

其中品牌依恋的测量量表采用李克特 5 点量表,让消费者进行填写。分数具体分为:1 是"完全不同意";2 是"不同意";3 是"一般";4 是"同意";5 是"完全同意"。

6.2.3 中介变量测度二:产品依恋

本书第二个中介变量测度是产品依恋。本书认为产品依恋是"消费者同品牌的产品和服务建立的功能型联结(Schifferstein and Zwartkruis-Pelgrim,2008;Mugge,2010)"。为了突出感性和理性双重影响路径的对比,本书研究采用单维度构念的产品依恋量表。本书研究对产品依恋的量表采用 Mugge(2010)对产品依恋的测量量表。同时,由于产品依恋的量表缺乏中国情景下的验证,因此研究小组决定通过双向互译和专家编撰两种方法来获取本书研究产品依恋的量表。本书研究产品依恋的量表如表 6-3 所示。

表 6-3 产品依恋测度量表

序号	条目	条目来源
PA1	该产品功能丰富,我很珍视该产品	Mugge(2010);专家编撰
PA2	该产品功用齐全,能打动我	
PA3	该产品功能能够满足我的需求,我非常喜欢该产品	
PA4	我对该产品的功用很满意	

资料来源:作者整理。

同时产品依恋的测量量表采用李克特 5 点量表,让消费者进行填写。分数具体分为：1是"完全不同意"；2是"不同意"；3是"一般"；4是"同意"；5是"完全同意"。

6.2.4 因变量测度：品牌信任

本书通过之前的文献梳理参考相关品牌信任的文献，并且通过对品牌信任的双维度质性研究，提出本书研究的品牌信任定义。研究小组认为品牌信任是指："消费者在认知上和情感上对购买品牌的产品和服务的依赖，这种依赖可以减少消费者对品牌风险感知（Chaudhuri and Holbrook, 2001; Ballester, 2011; 袁登华, 2007）"。通过研究二，可以看出品牌信任包含两个维度，分别为"品牌认知信任"和"品牌情感信任"。具体而言，品牌的认知信任指的是："人们对某一品牌的功能和可靠性有信心，由于觉得产品的功能能够满足自己的需求，从而愿意承担购买风险（Ballester, 2011）"。而品牌的情感信任指的是："人们对某一品牌在感情上具有共鸣，由于喜欢这个品牌，从而愿意承担购买风险（McAllister, 1995; Ingram, 2008）"。本书研究采用的品牌信任量表是研究二中通过质性研究所得到的。主要分为两个维度和八个测项。具体如表6-4所示。

表6-4 品牌信任测度量表

序号	维度	条目	条目来源
BRT1	品牌认知信任	该品牌产品的质量总是让我满意	研究二质性研究分析所得，并参考Ballester (2011); McAllister (1995)和Ingram (2008); 专家编撰
BRT2		该品牌是一个诚信的品牌	
BRT3		我了解这个品牌产品的功能与质量，所以我对该品牌有信心	
BRT4		我购买该品牌的产品，是因为我对其产品功能有信心	
BET1	品牌情感信任	我单纯地在情感上喜爱这个品牌	
BET2		我在情感上认可这个品牌	
BET3		我对这个品牌有情结	
BET4		这个品牌能满足我的情感需求	

资料来源：作者整理。

同时品牌信任的测量量表采用李克特 5 点量表,让消费者进行填写。分数具体分为:1 是"完全不同意";2 是"不同意";3 是"一般";4 是"同意";5 是"完全同意"。

6.2.5 控制变量

通过以往对品牌信任的研究可以看出,一般社会人口基本统计特征都对品牌信任产生影响,很多研究都揭示了性别、年龄、学历、所从事的行业和月收入对品牌信任的影响。所以本书研究的控制变量也选择了一般社会人口统计特征中的性别、年龄、学历、所从事的行业以及月收入。控制变量的具体赋值如下。

(1) 性别:1=男;0=女。

(2) 年龄段:1=18 岁以下;2=18—25 岁;3=26—30 岁;4=31—40 岁;5=41—50 岁;6=51—60 岁;7=60 岁以上。

(3) 学历:1=高中及以下;2=大专;3=本科;4=硕士及以上。

(4) 所从事行业:1=政府机关或事业单位;2=企业职工;3=个体工商户;4=学生;5=其他。

(5) 月收入:1=1 000 元以下;2=1 000—3 000 元;3=3 000—5 000 元;4=5 000—8 000 元;5=8 000 元以上。

6.3 预 调 研

由于本书研究量表大多是经过双向互译而来,在正式调研之前,有必要对这些量表在中国文化情景下的适用性进行检验。同时,结合研究二开发出来的品牌信任量表(研究二中第一次开发出来的品牌信任量表信度和效度都没达到要求,后来经过专家意见进行了调整),也需要对相关的量表再重新测试一下信度和效度。所以研究三首先选择对这些量表进行小样本预调研,通过调研结果对量表进行调整,为接下来的大样本调研做准备。

6.3.1 预调研样本数据收集

预调研问卷发放主要采用在线平台的委托发放，委托在线调研平台"问卷星"回收问卷，实际回收有效问卷 215 份。本书研究首先对预调研数据的基本人口统计特征进行分析，如表 6-5 所示。

表 6-5 预调研基本人口统计特征

个体特征	类别	人数	百分比
性 别	男	101	46.98%
	女	114	53.02%
年 龄	18 岁以下	0	0.00%
	18—25 岁	24	11.16%
	26—30 岁	57	26.51%
	31—40 岁	101	46.98%
	41—50 岁	27	12.56%
	51—60 岁	6	2.79%
	60 岁以上	0	0.00%
学 历	高中及以下	9	4.19%
	大专	39	18.14%
	本科	150	69.77%
	硕士及以上	17	7.91%
从事的行业	政府机关或事业单位	33	15.35%
	企业职工	152	70.70%
	个体商业户	12	5.58%
	学生	10	4.65%
	其他	8	3.72%
月收入	1 000 元以下	8	3.72%
	1 000—3 000 元	23	10.70%

续 表

个体特征	类别	人数	百分比
	3 000—5 000 元	45	20.93%
月收入	5 000—8 000 元	79	36.74%
	8 000 元以上	60	27.91%

注：N=215。
资料来源：作者整理。

从预调研的描述性统计可以看出，本次预调研总共调查了 215 位消费者，其中男性 101 人，占样本总数的 46.98%；女性人数 114 人，占样本总数的 53.02%；在预调研中，男女比例大致相等。其次在年龄段中，本次预调研没有 18 岁以下的未成年人和 60 岁以上的老人。绝大多数为中青年，其中 31—40 岁的人数为 101 人，占样本总数的 46.98%；而 26—30 岁的人数为 57 人，占样本总数的 26.51%。从学历方面来说，本次预调研本科学历的消费者最多，为 150 人，占样本总数的 69.77%；其次为大专学历，占样本总数的 18.14%，为 39 人。从事行业方面，企业职工最多，为 152 人，占总体的 70.7%；而政府机关或事业单位的为 33 人，占样本总数的 15.35%。月收入方面，最多的人群集中在 5 000—8 000 元之间，为 79 人，占样本总数的 36.74%；而 3 000—5 000 元和 8 000 元以上的人数差距不是很多，前者为 45 人，占样本总数的 20.93%，后者为 60 人，占样本总数的 27.91%。从描述性统计可以看出，本次预调研基本人口特征分布比较合理。

6.3.2 探索性因子分析

1. KMO 检验和 Bartlett 球形检验

为检测变量量表的信度和效度分析，预调研先对结果进行探索性因子分析（exploratory factor analysis）来分析本次量表的建构效度（construct validity）。本书首先对相关量表进行 KMO 检验和 Bartlett 球形检验，以检验量表是否符合进行探索性因子分析的要求。表 6-6 为预调研中对相关变量量表的 KMO 检验和 Bartlett 球形检验情况。

表 6-6 预调研 KMO 和 Bartlett 球形检验结果

变量	KMO 检验	Bartlett 球形检验		
	测度值	卡方值	自由度	P 值
品牌体验	0.824	296.589	21	0.000
品牌依恋	0.637	91.799	6	0.000
产品依恋	0.759	186.04	6	0.000
品牌信任	0.814	440.205	28	0.000

注：N=215。
资料来源：作者整理。

通过以上检验可以看出，预调研的量表适合进行探索性因子分析。其中品牌体验和品牌信任作为多维量表，其 KMO 测度值均大于 0.8，而且 Bartlett 球形检验也全部在 0.001 的水平上显著。因此品牌体验和品牌信任通过了 KMO 检验和 Bartlett 球形检验，适合做探索性因子分析。对于品牌依恋来说，本书研究采用量表的 KMO 检验值为 0.637，Bartlett 球形检验在 0.001 的水平上显著。基于马庆国（2002）的研究，当 KMO 值在 0.6 以上，Bartlett 球形检验的 P 值显著小于 0.01，则认为条目之间的相关性比较高，适合做因子分析。对于产品依恋来讲，其 KMO 检验达到 0.6，满足要求，但是其 Bartlett 球形检验的 P 值也显著小于 0.001，即其量表的 Bartlett 球形检验在 0.001 的水平上显著，本书研究认为产品依恋条目之间的相关性比较高，适合接下来进行探索性因子分析。

2. 品牌体验的探索性因子分析

本书研究采用的品牌体验的量表是结合 Brakus 和 Schmitt（2009）对品牌体验的四维度测量量表以及专家意见而形成。本书研究中，品牌体验分为感性体验型和理性体验型两个维度，所以本书在对其进行探索性因子分析的时候，采用主成分分析法，并设定提取的公因子的数量为 2，并采用最大方差正交旋转法对寻找对因子的最佳解释。最终检验结果如表 6-7 所示。

表 6-7　品牌体验的探索性因子分析结果(旋转)

题　项	旋转后的因子载荷		首因子方差贡献率	累计方差贡献率
	主成分 1	主成分 2		
品牌感性体验 1		0.496	42.20%	56.34%
品牌感性体验 2	0.708			
品牌感性体验 3		0.827		
品牌感性体验 4		0.818		
品牌理性体验 1	0.731			
品牌理性体验 2	0.690			
品牌理性体验 3	0.650			

资料来源：作者整理。

通过探索性因子分析可以看出，一般成熟量表中，因子载荷都必须达到 0.7 以上，而对探索性的量表，这一临界值可以放宽到 0.5。从表中可以看出，其中第一个维度品牌感性体验的第二个测项和品牌理性体验的测项都共同划分到第一个主成分中，而在第一个主成分中最大的因子载荷值为 0.731，最小的因子载荷为 0.65；而在主成分 2 中，最大的因子载荷为 0.827，最小的因子载荷为 0.496。通过探索性因子分析可以看出，品牌体验中尤其对感性体验型的量表并未达到相关要求。但是介于预调研人数过少所以品牌感性体验的测项 1 可以保留，而对于品牌感性体验的测项 2 则予以剔除。所以，通过预调研之后，本书认为品牌体验能够划分成两个维度：感性体验型和理性体验型。所以本书研究形成的品牌体验的修正问卷如表 6-8 所示。

表 6-8　品牌体验量表(最终)

序号	维度	条　目	条目来源
BEE1	品牌感性体验	该品牌给我强烈的感官刺激	Brakus 和 Schmitt (2009)；李启庚和余阳明(2011)；专家编译
BEE3		该品牌让我觉得自己与众不同	
BEE4		该品牌很符合我的个性	
BRE1	品牌理性体验	该品牌的功能引起我的思考	
BRE2		该品牌让我了解一些新的知识	
BRE3		该品牌让我想去探索产品功能	

资料来源：作者整理。

3. 品牌依恋的探索性因子分析

本书研究对品牌依恋的量表是结合 Thomson(2006)和专家意见而形成。本书研究采用的品牌依恋是单维度构念,所以本次探索性因子分析设定提取公因子数量为1,最终因子分析结果如表6-9所示。

表6-9 品牌依恋探索性因子分析结果(旋转)

题项	因子载荷	首因子方差贡献率	累计方差贡献率
品牌依恋1	0.608		
品牌依恋2	0.785	45.79%	45.79%
品牌依恋3	0.682		
品牌依恋4	0.617		

资料来源:作者整理。

如表6-9所示,品牌依恋量表的探索性因子分析中,其中因子载荷最大为0.785,最小为0.608,均高于因子载荷为0.5的参考系数。其首因子方差贡献率和累计方差贡献率都为45.79%。通过这两组数据可以看出,品牌依恋的四个题项都能够完整地解释品牌依恋的构念,研究小组决定沿用这四条条目作为品牌依恋的测项。

4. 产品依恋的探索性因子分析

产品依恋的量表通过了KMO检验并且也通过了Bartlett球形检验,所以研究小组依旧决定对产品依恋进行探索性因子分析。本书研究产品依恋的量表是结合 Mugge(2010)和专家编撰所得,本书采用主成分分析法,并设定提取的公因子数量为1,具体检验结果如表6-10所示。

表6-10 产品依恋探索性因子分析(旋转)

题项	因子载荷	首因子方差贡献率	累计方差贡献率
产品依恋1	0.699		
产品依恋2	0.796	57.41%	57.41%
产品依恋3	0.736		
产品依恋4	0.795		

资料来源:作者整理。

通过探索性因子分析可以看出,产品依恋四个题项,其中首因子方差贡献率为57.41%,累计方差贡献率为57.41%,而因子载荷方面,最大的因子载荷值为0.796,是产品依恋题项2的因子载荷值,而最小的是产品依恋题项1的因子载荷值为0.699。而这四个载荷值都满足大于0.5这一因子载荷参考值,所以本书认为这四个题项非常切合地测试了产品依恋这个构念,所以本书决定将这四个题项构成的主成分命名为产品依恋。

5. 品牌信任的探索性因子分析

通过研究二中对品牌信任量表的开发和调整,在研究三的预调研中,研究小组还是通过预调研来对研究二中开发出来的量表进行再一次调研,检验其信度和效度。研究三的品牌信任量表是由研究二中开发而来,所以通过预调研,对修改过的品牌信任量表再一次进行探索性因子分析,采用主成成分分析法,并设定提取的公因子为2,最后再采用最大方差正交旋转法,得到的最终结果如表6-11所示。

表6-11 品牌信任探索性因子分析(旋转)

题 项	旋转后的因子载荷		首因子方差贡献率	累计方差贡献率
	主成分1	主成分2		
品牌认知信任1	0.700			
品牌认知信任2	0.720			
品牌认知信任3	0.716			
品牌认知信任4	0.777		42.53%	56.90%
品牌情感信任1		0.570		
品牌情感信任2		0.662		
品牌情感信任3		0.780		
品牌情感信任4		0.774		

资料来源:作者整理。

从上述探索性因子分析结果可以看出,通过调整之后的品牌信任量表呈现出较好的建构效度。其中其首因子方差贡献率为42.53%,而累计的方差贡献率为56.9%。之后通过最大方差正交旋转法得到的因子载荷中,其中主成分 1 中满足要求的因子载荷值最大为 0.777，最小为 0.7，而主成分 2 中满足要求的因子载荷最小为 0.57，最大为 0.78，都大于 0.5 因子载荷的参考值。所以本书研究决定沿用修改过后的品牌信任量表，并将主成分 1 命名为品牌认知信任，主成分 2 命名为品牌情感信任。

6.3.3 信度分析

通过对之前题项进行效度分析，发现通过探索性因子分析之后，各量表都展现出较好的建构效度。而在效度分析之后，预调研决定对各量表进行信度分析。在研究二中已经叙述过相关的信度分析，研究三依旧采用格朗巴哈系数（Cronbach's α）对以上各量表进行信度分析。具体分析结果如表 6-12 所示。

表 6-12 预调研中各变量量表的信度分析结果

构念	Cronbach's α	维度	Cronbach's α	题项	修正项目总相关	删除题项后的 Cronbach's α
品牌体验	0.767	品牌感性体验	0.659	BEE1	0.498	0.736
				BEE2	0.467	0.743
				BEE3	0.445	0.75
				BEE4	0.513	0.733
		品牌理性体验	0.65	BRE1	0.461	0.744
				BRE2	0.493	0.737
				BRE3	0.551	0.727
品牌依恋	0.771	无	无	BA1	0.589	0.709
				BA2	0.615	0.694
				BA3	0.551	0.728
				BA4	0.539	0.735
产品依恋	0.751	无	无	PA1	0.483	0.726
				PA2	0.592	0.667
				PA3	0.521	0.708
				PA4	0.594	0.668

续表

构念	Cronbach's α	维度	Cronbach's α	题项	修正项目总相关	删除题项后的 Cronbach's α
品牌信任	0.799	品牌认知信任	0.749	BRT1	0.568	0.771
				BRT2	0.551	0.769
				BRT3	0.494	0.778
				BRT4	0.472	0.781
		品牌情感信任	0.715	BET1	0.55	0.77
				BET2	0.528	0.773
				BET3	0.561	0.767
				BET4	0.389	0.799

注：N=215。
资料来源：作者整理。

一般而言，当格朗巴哈系数高于0.7时，意味着研究的信度相对较高，量表是可以接受的（Nunnally, Bernsteinhe and Berge, 1978; Hinkin, 1998）。从表6-12可以看出，各变量中α系数最低为0.751，最高为0.799，所有主变量均超过了0.7的临界值，显示出非常好的信度。从各个变量的维度上来讲，品牌认知信任、品牌情感信任这几个维度的信度系数均高于0.7，而品牌感性体验的信度为0.659，品牌理性体验的信度为0.65，也在可接受范围之内（DeVellis, 2003）。

6.4 本章小结

本章主要对问卷进行了整体设计，并完成了问卷的编撰，同时也完成了大规模调研的预调研部分。具体而言，本章首先设计了研究的问卷。其次是通过预调研对问卷质量进行检验，通过回收的215份问卷对问卷进行信度和效度分析可知，除了品牌体验删除一个测项形成修正问卷之外，本书研究所采用其他的量表都具有较好的信度和效度，为后面的大规模调研奠定了基础。

7 研究三(二)：品牌体验对品牌信任的双重影响路径检验

7.1 正式调研数据收集

7.1.1 数据收集过程

研究三采取的调研是同时对相关品牌进行两次不同的调研。第一次调研是对研究一中的理性体验型品牌进行相关构念的测度,而第二次调研是对研究一中感性体验型品牌进行相关构念的测度。研究三中的调研对象是一般消费者,采取的方式是委托在线平台对问卷进行发放。同时,这两次调研是针对这8个品牌的品牌体验、品牌依恋、产品依恋和品牌信任构念进行测度。此次研究三中两个样本的有效问卷回收分别为421份和426份,问卷回收有效率100%。为了保证回收问卷的质量,研究三特别设置了如下环节来对问卷进行筛选。

1. 问卷设计导语

本次问卷设计在导语中向问卷调研对象阐述本次调研的意图和使用目的,并向被试承诺对其人口信息进行保密,这样可以打消被试的顾虑,并可以提高被调研对象对问卷的填写态度。

2. 问卷回收方式

由于是采用委托问卷发放的方式,所以研究小组对问卷发放平台有如下要求,首先是两个样本总共需回收有效问卷800份,其中样本一需要400份,样本二需要400份。其次就是,研究小组让问卷调研平台对回收的问卷进行筛选。将回答一致的(连续多个选项选择同一个数值),没有完成填写的问卷设置成为无效问卷。最后研究小组在委托发放问卷的同时,进行人工无效问卷排查,剔除回答时间低于60秒的问卷。

3. 反向计分题

研究三中针对不同品牌进行的两次问卷调研,在问卷中设置了反向计分题,以鉴别和剔除无效问卷。具体如下:首先,研究小组随机抽取问卷中的一个题项,然后经过讨论设计出与这个题项具有相反意思的题项;其次,再将这个反向问题的题项放置在其他构念的题项中。本次问卷调研选择的题项为测试品牌感性体验维度的"该品牌很符合我的个性",然后设计出这个题项的反向设问项为"该品牌不是很符合我的个性"并将这个反向设问项放置在品牌信任的测试题项中。

与此同时,研究小组通过讨论设计出无效问卷甄别原则,以及为了甄别出被试在问卷填写过程中表现出不认真负责的态度,会对BEE3和反向设问项进行相同方向的作答。比如如果出现被试对BEE3的填写是"完全同意",而对反向设问项填写也是"完全同意"的话,则此问卷算无效问卷。研究小组在无效问卷的甄别原则上邀请了一位复旦大学企业管理系在读的博士生进行无效问卷甄别原则设计,具体甄别原则如下:

$$4 < A + B < 8$$

其中A是BEE3的选项得分,B是反向设问项的选项得分,如果两个题项的选项得分相加之和大于4并小于8则被视为有效问卷,其余的均为无效问卷。

之后研究小组将此甄别标准和问卷调研平台进行沟通并设置,之后由其剔除了不满足此项要求的无效问卷。

7.1.2 基本人口特征统计

样本回收之后,本书研究首先对两个样本的基本人口统计特征进行相关统计，所采用的统计软件为 SPSS19.0。

1. 样本一：基本人口特征统计

样本一是针对"感性体验型品牌"所进行的调研。所选择的感性体验型品牌是经过研究一的筛选之后建立的，分别为"苹果、星巴克、耐克和香奈尔"。研究三通过 SPSS19.0 对样本一的基本人口统计特征如表 7-1 所示。

表 7-1　样本一：基本人口统计特征

个体特征	类　别	人数	百分比
性　别	男	193	45.31%
	女	233	54.69%
年　龄	18 岁以下	2	0.47%
	18—25 岁	73	17.14%
	26—30 岁	126	29.58%
	31—40 岁	160	37.56%
	41—50 岁	40	9.39%
	51—60 岁	21	4.93%
	60 岁以上	4	0.94%
学　历	高中及以下	26	6.10%
	大专	60	14.08%
	本科	303	71.13%
	硕士及以上	37	8.69%
从事的行业	政府机关或事业单位	58	13.62%
	企业职工	282	66.20%
	个体商业户	25	5.87%
	学生	37	8.69%
	其他	24	5.63%
月收入	1 000 元以下	26	6.10%
	1 000—3 000 元	34	7.98%

续 表

个体特征	类 别	人数	百分比
月收入	3 000—5 000 元	83	19.48%
	5 000—8 000 元	169	39.67%
	8 000 元以上	114	26.76%

注：N=426。
资料来源：作者整理。

2. 样本二：基本人口特征统计

样本二的调研是针对"理性体验型"品牌，其中理性体验型品牌的选择包括："联想、华为、安踏和百雀羚"。同样，研究三通过 SPSS 19.0 对样本二的基本人口统计特征进行处理，结果如表 7-2 所示。

表 7-2 样本二：基本人口统计特征

个体特征	类 别	人数	百分比
性 别	男	191	45.37%
	女	230	54.63%
年 龄	18 岁以下	4	0.95%
	18—25 岁	78	18.53%
	26—30 岁	125	29.69%
	31—40 岁	133	31.59%
	41—50 岁	65	15.44%
	51—60 岁	13	3.09%
	60 岁以上	3	0.71%
学 历	高中及以下	20	4.75%
	大专	76	18.05%
	本科	296	70.31%
	硕士及以上	29	6.89%
从事的行业	政府机关或事业单位	64	15.20%
	企业职工	288	68.41%

续　表

个体特征	类　　别	人数	百分比
从事的行业	个体商业户	16	3.80%
	学生	31	7.36%
	其他	22	5.23%
月收入	1 000 元以下	21	4.99%
	1 000—3 000 元	34	8.08%
	3 000—5 000 元	96	22.80%
	5 000—8 000 元	167	39.67%
	8 000 元以上	103	24.47%

注：N=421。
资料来源：作者整理。

3. 样本一和样本二：基本人口统计特征分析

通过样本一和样本二的基本人口统计特征分析可以看出两个样本中基本人口分布相似。其中，在性别特征中，两个样本都呈现出男性比女性略少的局面，但是相对来说，还是比较平衡。样本一中男性占比45.31%，样本二中男性占比45.37%，其人数分别为193人和191人。在年龄段方面，两个样本同样都是31—40岁之间的人数最多，其中样本一中这一年龄段的人数为160人，占样本总数的37.56%；样本二中这一年龄段人数为133人，占样本总数的31.59%。学历方面，两个样本都是本科生数量最多。其中样本一中拥有本科学位的303人，占据样本总体的71.13%；样本二中拥有本科学位的296人，占据样本总体的70.31%。在从事的行业方面，两个样本的分布也极为类似。样本一和样本二中，企业职工都是占样本总体的大部分，分别为66.2%和68.41%。月收入方面，5 000—8 000元的被试人数最多，分别为169人和167人，都占样本总体的39.67%。

从上述5个方面对两个样本的基本人口特征对比可以看出，两个样本的基本人口特征的统计较为相似，这为后文探讨两类品牌的情感和认知构建路径的对比打下了坚实的统计基础。

7.2 数量质量检验

7.2.1 正态分布检验

在进行假设验证之前需要对样本数据进行正态检验,因为很多学者通过研究发现基于正态分布数据所得出的结论都是有效的(荣泰生,2012)。从而研究三通过 SPSS 19.0 对两个样本的数据进行正态分布检验(见表 7-3 和表 7-4)。

表 7-3 样本一:感性体验型品牌的正态分布检验结果

题项	N	极小值	极大值	均值	标准差	偏度	峰度
BEE1	426	1	5	3.70	0.745	−0.542	0.903
BEE2	426	1	5	3.68	0.850	−0.088	−0.428
BEE3	426	2	5	3.79	0.770	0.030	−0.700
BRE1	426	1	5	3.56	0.774	−0.312	0.341
BRE2	426	1	5	3.81	0.758	−0.295	0.182
BRE3	426	1	5	3.88	0.795	−0.339	−0.160
BA1	426	1	5	3.19	0.911	−0.286	−0.400
BA2	426	1	5	3.54	0.938	−0.391	−0.224
BA3	426	1	5	3.63	0.925	−0.483	−0.083
BA4	426	1	5	3.18	0.990	−0.203	−0.244
PA1	426	1	5	3.74	0.720	−0.402	0.568
PA2	426	2	5	3.86	0.715	−0.174	−0.245
PA3	426	2	5	3.90	0.726	−0.330	−0.012
PA4	426	2	5	3.94	0.678	−0.246	0.015
BRT1	426	2	5	3.97	0.615	−0.227	0.411
BRT2	426	1	5	4.01	0.705	−0.544	1.034
BRT3	426	1	5	3.84	0.652	−0.497	1.047
BRT4	426	2	5	3.96	0.655	−0.266	0.204

续 表

题项	N	极小值	极大值	均值	标准差	偏度	峰度
BET1	426	1	5	3.74	0.793	−0.308	0.180
BET2	426	1	5	3.83	0.783	−0.517	0.706
BET3	426	1	5	3.63	0.862	−0.441	0.287
BET4	426	1	5	3.21	0.954	−0.314	−0.241
有效的 N	426						

注：N=426。
资料来源：作者整理。

表 7-4 样本二：理性体验型品牌样本的正态分布检验结果

题项	样本数	极小值	极大值	均值	标准差	偏度	峰度
BEE1	421	1	5	3.55	0.704	−0.256	0.069
BEE2	421	1	5	3.42	0.82	0.179	−0.339
BEE3	421	1	5	3.73	0.737	−0.179	−0.018
BRE1	421	1	5	3.62	0.824	−0.537	0.373
BRE2	421	1	5	3.86	0.799	−0.479	0.235
BRE3	421	1	5	3.89	0.801	−0.577	0.534
BRT1	421	1	5	3.91	0.699	−0.724	1.805
BRT2	421	1	5	4.02	0.7	−0.612	1.043
BRT3	421	2	5	3.98	0.601	−0.389	1.062
BRT4	421	1	5	3.97	0.661	−0.461	1.018
BET1	421	1	5	3.76	0.801	−0.57	0.475
BET2	421	1	5	3.81	0.765	−0.861	1.598
BET3	421	1	5	3.52	0.877	−0.363	0.121
BET4	421	1	5	3.06	0.913	−0.085	−0.222
BA1	421	1	5	3.07	0.926	−0.124	−0.367
BA2	421	1	5	3.46	0.924	−0.592	0.256
BA3	421	1	5	3.71	0.825	−0.707	0.801
BA4	421	1	5	3.16	0.878	−0.071	−0.258
PA1	421	1	5	3.76	0.788	−0.604	0.907
PA2	421	1	5	3.82	0.764	−0.883	1.667

续 表

题项	样本数	极小值	极大值	均值	标准差	偏度	峰度
PA3	421	1	5	3.87	0.747	−0.742	1.471
PA4	421	1	5	3.92	0.731	−0.686	1.374
有效的 N	421						

注：N=421。
资料来源：作者整理。

当有效数据的各个条目的偏度绝对值小于3，峰度绝对值小于10的时候，说明数据较好地服从正态分布(Kline，1988；胡晓娣，2011)。通过对两个样本的正态分布检验可以看出，样本一和样本二的偏度和绝对值都小于3，其中样本一偏度最低值的绝对值为0.174，偏度最高值的绝对值为0.544；样本二中，偏度最低值的绝对值为0.071，偏度最高值绝对值为0.883。在峰度方面，可以看出两个样本峰度的绝对值都小于10，样本一中峰度的最高值为1.047，样本二峰度的最高值为1.667。从上述对两个样本的正态分布检验可以看出。两个样本的数据都呈现出较好的正态分布，这为后文假设检验奠定了数据质量的基础。

7.2.2　共同方法偏差检验

Podsakoff，Mackenzie，Lee 和 Podsakoff(2003)认为共同方法偏差是基于同样的数据来源，以及同一打分者等原因造成的人为共变。这种共变会对测量结果带来严重的偏差，会混淆最终的研究结果。并且他们认为共同方法偏差是组织中测量偏差的主要来源。对于上述共同方法偏差，他们同时提出要通过程序控制和统计控制来降低共同方法偏差。本书针对上述意见，对共同方法偏差采取了如下控制方法。

首先，本书在问卷设计上对共同方法偏差进行控制，通过题项设计和相关导语的设计避免模棱两可的表述方法，避免复杂的阐述，也是为了避免引起被试对题项的歧义理解。其次，本书在导语中已经说明本次研究的目的和数据使用，并承诺对被试的信息是绝对保密的，这是为了保证被试可以不受拘束地表达自己的真实想法。最后,在问卷设计上,通过对相关变量的分类并对其进行不同的结构安排,这是为了避免被试主观上将这些变量联系起来的可能。

在统计控制上,研究三采用 Harman 的单因素检验法对样本一和样本二的数据进行共同方法偏差检验,以得出样本一和样本二是否受到共同方法偏差污染的结论(郭亿馨和苏勇,2017)。具体检验原理如下:首先,如果存在共同方法偏差,那么就将所有有效数据和研究变量(题项)都囊括到一个因子中进行探索性因子分析,如果解析出来有一个主成分能够解释绝大部分的方差变异,那么就说明此次调研具有共同方法偏差,结论不可信(Zhou and Long,2004;Du, Zhao and Liu, 2005)。其次,Hair 等人(2010,2013)认为,通过 Harman 的单因素检验法验证数据是否存在共同方法偏差的时候,通过探索性因子分析得出的首因子解释总方差变异在 50% 以下就可认为本次数据并未受到太多的共同方法偏差的影响。

研究三对上述两个样本进行 Harman 单因素检验法探讨本次调研是否受到共同方法偏差的影响,具体是将所有的题项都进行探索性因子分析,设定主成分分析法并设定提取一个公因子,本次探索性因子分析并未对因子采用正交旋转法,其结果如表 7-5 和表 7-6 所示。

表 7-5 样本一:感性体验型品牌的共同方法偏差检验的总方差解释

共同因子	初始特征值			提取载荷平方和		
	总计	方差百分比	累计百分比	总计	方差百分比	累计百分比
1	9.728	44.216	44.216	9.728	44.216	44.216
2	1.707	7.758	51.974			
3	1.379	6.27	58.244			
4	0.978	4.448	62.692			
5	0.752	3.419	66.111			
6	0.656	2.983	69.094			
7	0.642	2.92	72.014			
8	0.587	2.667	74.681			
9	0.551	2.504	77.185			
10	0.519	2.357	79.542			

7 研究三（二）：品牌体验对品牌信任的双重影响路径检验

续　表

共同因子	初始特征值			提取载荷平方和		
	总计	方差百分比	累计百分比	总计	方差百分比	累计百分比
11	0.486	2.207	81.749			
12	0.466	2.118	83.867			
13	0.44	2.001	85.869			
14	0.433	1.967	87.836			
15	0.419	1.907	89.742			
16	0.4	1.82	91.563			
17	0.362	1.646	93.209			
18	0.346	1.575	94.784			
19	0.338	1.534	96.318			
20	0.303	1.377	97.695			
21	0.272	1.235	98.93			
22	0.235	1.07	100			

注：N=426。
资料来源：作者整理。

表 7-6　样本二：理性体验型品牌的共同方法偏差的总方差解释

共同因子	初始特征值			提取载荷平方和		
	总计	方差百分比	累计百分比	总计	方差百分比	累计百分比
1	9.558	43.444	43.444	9.558	43.444	43.444
2	1.821	8.279	51.723			
3	1.271	5.775	57.498			
4	0.883	4.014	61.512			
5	0.795	3.615	65.127			
6	0.719	3.268	68.395			
7	0.653	2.967	71.362			
8	0.64	2.909	74.271			
9	0.603	2.743	77.014			
10	0.547	2.484	79.498			
11	0.539	2.452	81.951			
12	0.478	2.175	84.125			

续　表

共同因子	初始特征值			提取载荷平方和		
	总计	方差百分比	累计百分比	总计	方差百分比	累计百分比
13	0.436	1.982	86.107			
14	0.428	1.946	88.053			
15	0.421	1.914	89.967			
16	0.371	1.688	91.655			
17	0.366	1.662	93.317			
18	0.339	1.542	94.859			
19	0.316	1.435	96.294			
20	0.304	1.384	97.678			
21	0.28	1.274	98.952			
22	0.231	1.048	100			

注：N=421。
资料来源：作者整理。

通过对样本一和样本二的 Harman 单因子检验法可以看出，本次样本一和样本二都未受到共同方法偏差的影响。其中，对样本一进行探索性因子分析的时候可以看出，特征值大于 1 的共同因子有 3 个，累计解释了总方差变异的 58.24%，样本二中特征值大于 1 的共同因子有 3 个，累计解释了总方差变异的 57.5%。其中，对首因子的解释为，样本一中的首因子方差贡献率为 44.22%，首因子解释了总方差变异的 44.22%，而样本二中首因子的方差贡献率为 43.44%；换句话说，样本二中首因子解释了总方差变异的 43.44%，均低于 Hair 等人（2010，2013）提出的首因子方差贡献率的 50% 临界值。基于以上分析，研究三认为本次样本一和样本二并未受到共同方法偏差的影响。

7.3　信度和效度分析

通过对数据进行相关描述性统计和正态分布检验以及共同方法偏差检验之后，研究三对正式调研的数据进行信度和效度分析。此次的信度分析均和预调研中一样,采用格朗巴哈系数对问卷信度进行分析,而对其效度分析,则采用验证性因子分析。

7.3.1 信度分析

信度是评价检验结果的一致性、稳定性和可靠性。在研究三中,对问卷的信度分析依旧采用格朗巴哈系数(Cronbach's α)。为了保证跟研究二中相同的信度检验方法,研究三将两个样本合并之后对量表进行信度分析。研究三运用 SPSS19.0 对合并后的样本的格朗巴哈系数进行计算,具体计算结果如表 7-7 所示。

表 7-7 各变量量表信度测量结果

测项	Cronbach's α	维度	Cronbach's α
品牌体验	0.791	品牌感性体验	0.663
		品牌理性体验	0.766
品牌依恋	0.743	无	无
产品依恋	0.841	无	无
品牌信任	0.864	品牌认知信任	0.795
		品牌情感信任	0.818

注:N=847。
资料来源:作者整理。

根据本次信度分析结果,可以看出,相关构念的信度系数均在 0.7 以上。而从各变量维度的信度系数出发可以看出,仅品牌感性体验的信度系数为 0.663。根据 DeVellis(2003)当格朗巴哈系数大于 0.65 时,意味着调研的信度都可以接受,当格朗巴哈系数低于 0.65 时,意味着调研信度的不可靠,所以尚可接受。本次调研中,格朗巴哈系数最高的是品牌信任的整体测度,为 0.864。通过上述分析可知,本次调研的信度较好,可以接受。

7.3.2 效度分析

本书在研究二中对品牌信任量表的在开发中已经对效度进行过相关阐

述。研究三中主要对量表进行建构效度(construct validity)的验证,采用的方法是验证性因子分析(confirmatory factor analysis)。

之前对量表的建构效度分析中都采用的是探索性因子分析(exploratory factor analysis),但是探索性因子分析仍有其局限性(徐云杰,2011)。第一,它假定所有的因子(旋转后)都影响测度项;第二,探索性因子分析假定测度项残差之间是相互独立的;第三,探索性因子分析强制所有的因子独立。因此,在研究三中,探索性因子分析已经不能够满足量表建构效度的检验,故对量表进行验证性因子分析,以检测量表的建构效度。

具体而言,研究三对量表进行双样本的验证性因子分析,首先对各构念的维度进行检验,最后对模型整体的区分效度进行检验,以完成数据质量检验的最后一步。验证性因子分析的具体指标评价如表7-8所示。

表7-8 验证性因子分析的指标详情和判别标准

指标	指标详情	判别标准
CMIN/DF	卡方值/自由度	根据样本量大小决定
TLI	塔克刘易斯指数(Tucker-Lewis index)	TLI介于0到1之间,TLI越大,拟合度越好
CFI	比较适合度指标(comparative fit index)	CFI介于0到1之间,CFI越大,拟合度越好
RMSEA	近似误差均方根(root mean square error of approximation)	越接近0,拟合度越好

资料来源:荣泰生(2000),作者整理所得。

徐云杰(2011)认为,对于验证性因子分析来说,其中CMIN值越小越说明模型拟合度越高,但是影响CMIN值的因素有很多,所以用CMIN值除以自由度(DF)得到一个相对标准的参数,一般来说,CMIN/DF值不大于5。但是这个值受到样本量大小的影响,而研究三中对量表进行效度检测是将两个样本合并在一起进行检测,样本量较大,所以研究三决定将CMIN/DF的临界值放宽到10,小于临界值都认为模型的拟合度可以接受。在本书研究中,根据罗胜强(2014)的建议,认为TLI和CFI的临界值都取0.9比较合适,当TLI和

CFI 值都大于 0.9 的时候,说明模型拟合效度在可接受范围之内。根据徐云杰(2011)的建议,一般来说 RMSEA 不能高于 0.08,但是崔晓明(2013)和程骏骏(2015)认为,RMSEA 略高于 0.08 也可以接受。所以研究三决定使用这四个值来对本书提出的模型进行拟合,以检验量表的效度。

1. 品牌体验的验证性因子分析

本书运用软件 Amos 24.0 对品牌体验进行验证性因子分析,所得结论如表 7-9 所示。

表 7-9 品牌体验的验证性因子分析结果

路径			标准路径系数	S.E.	C.R.	P
品牌感性体验 1	<---	品牌感性体验	1			
品牌感性体验 2	<---	品牌感性体验	1.195	0.091	13.13	***
品牌感性体验 3	<---	品牌感性体验	0.975	0.078	12.54	***
品牌理性体验 1	<---	品牌理性体验	1			
品牌理性体验 2	<---	品牌理性体验	1.148	0.07	16.35	***
品牌理性体验 3	<---	品牌理性体验	1.182	0.072	16.38	***
CMIN: 19.295			RMSEA: 0.041			
DF: 8		P: 0.000	CFI: 0.991			
CMIN/DF: 2.412			TLI: 0.984			

注:N=847。
资料来源:作者整理。

一般来说,标准化路径系数高于 0.7 说明此量表效度在可接受范围之内(吴明隆,2003)。通过上表可以看出,各条路径的标准化系数均在 0.7 以上,其中最大值为 1.195,最小值为 0.975。而通过 P 值可以看出,路径系数都在 0.01 的水平上显著。而 CMIN/DF 的值为 2.412,远远小于本书研究临界标准值 10。而 RMSEA 值为 0.041,小于 0.08;CFI 和 TLI 值都高于 0.9,说明对于品牌体验来说,此量表拥有较高的区分和建构效度。量表的效度符合研究要求。

2. 品牌依恋的验证性因子分析

之后本书通过 Amos 24.0 对品牌依恋的量表进行验证性因子分析,结果如表 7-10 所示。

表 7-10　品牌依恋验证性因子分析结果

路径			标准路径系数	S.E.	C.R.	P
品牌依恋 1	<---	品牌依恋	1			
品牌依恋 2	<---	品牌依恋	1.151	0.077	15.04	***
品牌依恋 3	<---	品牌依恋	1.087	0.072	15.09	***
品牌依恋 4	<---	品牌依恋	0.884	0.072	12.24	***
CMIN：9.725			RMSEA：0.068			
DF：2		P：0.008	CFI：0.990			
CMIN/DF：4.863			TLI：0.969			

注：N=847。
资料来源：作者整理。

通过上述要求可以看出，品牌依恋的量表具有较高的效度。主要表现在以下几点。首先，标准路径系数都大于 0.7，并在 0.01 的水平上显著。其次，CMIN/DF 值小于 10，RMSEA 值为 0.068，CFI 值为 0.990，TLI 值为 0.969 均符合相关要求。所以研究三认为，品牌依恋的量表具有较好的区分效度和拟合效度。

3. 产品依恋的验证性因子分析

对于产品依恋的量表的效度检验，研究三依旧使用 Amos 24.0 对其进行分析，结果如表 7-11 所示。

表 7-11　产品依恋验证性因子分析

路径			标准路径系数	S.E.	C.R.	P
产品依恋 1	<---	产品依恋	1			
产品依恋 2	<---	产品依恋	1.039	0.052	20.17	***
产品依恋 3	<---	产品依恋	1.072	0.052	20.68	***
产品依恋 4	<---	产品依恋	0.91	0.048	18.76	***
CMIN：13.853			RMSEA：0.084			
DF：2		P：0.001	CFI：0.991			
CMIN/DF：6.926			TLI：0.973			

注：N=847。
资料来源：作者整理。

从上述数据可以看出,各标准化路径系数均大于 0.7,并且 CMIN/DF 值小于 10,CFI 和 TLI 的值均大于 0.9,但是 RMSEA 值略大于 0.08。根据崔晓明(2013)和程骏骏(2015)的观点,研究小组认为产品依恋的量表 RMSEA 的值仍然在可接受范围之内。所以通过验证性因子分析,产品依恋的调研结果能够对模型进行符合要求的拟合,能够说明此量表具有建构效度和区分效度(徐云杰、黄丽华和周文越,1997)。

4. 品牌信任的验证性因子分析

由于品牌信任的量表是研究二中开发所得,所以研究三同时也对品牌信任的量表进行验证性因子分析,结果如表 7-12 所示。

表 7-12　品牌信任验证性因子分析结果

路径			标准路径系数	S.E.	C.R.	P
品牌情感信任 1	<---	品牌情感信任	1			
品牌情感信任 2	<---	品牌情感信任	1.091	0.052	20.88	***
品牌情感信任 3	<---	品牌情感信任	1.197	0.058	20.46	***
品牌情感信任 4	<---	品牌情感信任	1.007	0.062	16.32	***
品牌认知信任 1	<---	品牌认知信任	1			
品牌认知信任 2	<---	品牌认知信任	1.008	0.054	18.76	***
品牌认知信任 3	<---	品牌认知信任	0.802	0.048	16.69	***
品牌认知信任 4	<---	品牌认知信任	0.972	0.05	19.26	***
CMIN:125.626			RMSEA:0.081			
DF:19		P:0.000	CFI:0.961			
CMIN/DF:6.612			TLI:0.942			

注:N=847。
资料来源:作者整理。

可以看出,品牌信任的量表展现出较好的效度。其中,各标准路径系数都大于 0.7,而 CMIN/DF 值为 6.612,满足小于 10 的要求,CFI 和 TLI 的值都高于 0.9,符合拟合度要求。根据崔晓明(2013)和程骏骏(2015)的观点,其 RMSEA 值略高于 0.08,在可接受范围之内。所以研究三认为,通过研究二开发出来的品牌信任量表具有较好的建构效度和区分效度。

5. 变量之间的区分效度检验

通过对各变量进行验证性因子分析，研究三发现各变量都具有较高的区分效度和建构效度。但变量之间的区分效度还需要进行进一步探讨。因此，研究三决定对本书研究中出现的所有变量进行区分效度检验，其中对于多维变量来说，用该维度包含的所有题项的平均分来代表该维度的整体得分。本次区分效度使用的软件是 Amos 24.0，所得结果如表 7-13 所示。

表 7-13　主要变量验证性因子分析拟合结果

	卡方值	自由度	RMSEA	RMR	TLI	CFI
四因子模型	123.178	48	0.043	0.016	0.968	0.977
三因子模型[a]	135.123	51	0.044	0.016	0.967	0.974
三因子模型[b]	512.671	52	0.103	0.08	0.817	0.895
三因子模型[c]	129.207	51	0.043	0.016	0.969	0.976
三因子模型[d]	866.078	51	0.137	0.081	0.678	0.751
两因子模型[e]	891.701	54	0.135	0.081	0.687	0.744
两因子模型[f]	136.021	53	0.043	0.016	0.968	0.975
单因子模型[g]	1 075.818	55	0.134	0.102	0.626	0.688
零模型[h]	3 338.932	66	0.242	0.167	0.000	0.000

注：N=847。
[a] 将品牌体验和产品依恋合并成为一个潜在因子。
[b] 将品牌体验和品牌依恋合并成为一个潜在因子。
[c] 将产品依恋和品牌信任合并成为一个潜在因子。
[d] 将品牌依恋和品牌信任合并成为一个潜在因子。
[e] 将品牌体验、品牌依恋和品牌信任合并成为一个潜在因子。
[f] 将品牌体验、产品依恋和品牌信任合并成为一个潜在因子。
[g] 将所有项目合并成为一个潜在因子。
[h] 在零模型汇总，所有测量项目之间没有任何关系。

通过对所有变量进行区分效度检验可以看出，四因子（全模型）的拟合效度最好（卡方值=123.178；自由度=48；RMSEA=0.043；RMR=0.016；TLI=0.968；CFI=0.977），从其他各因子拟合模型来看，四因子模型显著优越于其他的拟合模型。所以通过对全变量进行验证性因子分析之后得知，这四个变量的区分效度达到研究要求,各变量的测量达到较好的区分效度。

7.4 假设检验

7.4.1 相关分析

在进行假设检验之前,研究三先对相关变量的测度进行了皮尔逊(Pearson)相关性(双尾)检验,具体检验结果如表 7-14 和表 7-15 所示。

表 7-14 样本一:感性体验型品牌的相关变量相关性统计

	变量	均值	标准差	1	2	3	4	5	6	7	8	9
1	性别[b]	0.45	0.50	1.00	0.181**	−0.06	−0.01	0.143**	0.06	0.05	0.04	0.02
2	年龄[c]	3.57	1.10	0.181**	1.00	−0.248**	−0.136**	0.282**	0.01	0.05	0.01	−0.04
3	职业[d]	2.27	0.99	−0.06	−0.248**	1.00	−0.140**	−0.441**	−0.150**	−0.232**	−0.134**	−0.207**
4	学历[e]	2.82	0.67	−0.01	−0.136**	−0.140**	1.00	0.223**	0.179**	0.131**	0.155**	0.154**
5	月收入[f]	3.73	1.12	0.143**	0.282**	−0.441**	0.223**	1.00	0.254**	0.231**	0.222**	0.244**
6	品牌体验	3.74	0.54	0.06	0.01	−0.150**	0.179**	0.254**	1.00	0.690**	0.663**	0.694**
7	品牌依恋	3.59	0.64	0.05	0.05	−0.232**	0.131**	0.231**	0.690**	1.00	0.676**	0.782**
8	产品依恋	3.86	0.57	0.04	0.01	−0.134**	0.155**	0.222**	0.663**	0.676**	1.00	0.795**
9	品牌信任	3.77	0.55	0.02	−0.04	−0.207**	0.154**	0.244**	0.694**	0.782**	0.795**	1.00

注:N=426。
资料来源:作者整理。
a. ** 在 0.01 水平(双侧)下显著相关,* 在 0.05 水平(双侧)下显著相关。
b. 性别:1=男;0=女。
c. 年龄:1=18 岁以下;2=18—25 岁;3=26—30 岁;4=31—40 岁;5=41—50 岁;6=51—60 岁;7=60 岁以上。
d. 职业:1=政府机关或事业单位;2=企业职工;3=个体工商户;4=学生;5=其他。
e. 学历:1=高中及以下;2=大专;3=本科;4=硕士及以上。
f. 月收入:1=1 000 元以下;2=1 000—3 000 元;3=3 000—5 000 元;4=5 000—8 000 元;5=8 000 元以上。

表 7-15　样本二：理性体验型品牌的相关变量相关性统计

	变量	均值	标准差	1	2	3	4	5	6	7	8	9
1	性别[b]	0.45	0.50	1.00	0.08	−0.04	0.03	0.103*	0.06	−0.07	−0.01	0.02
2	年龄[c]	3.54	1.12	0.08	1.00	−0.204**	−0.09	0.203**	0.02	−0.03	−0.01	0.06
3	职业[d]	2.19	0.96	−0.04	−0.204**	1.00	−0.258**	−0.416**	−0.07	−0.07	−0.05	−0.07
4	学历[e]	2.79	0.63	0.03	−0.09	−0.258**	1.00	0.285**	0.07	0.00	0.05	0.01
5	月收入[f]	3.71	1.08	0.103*	0.203**	−0.416**	0.285**	1.00	0.214**	0.111*	0.165**	0.174**
6	品牌体验	3.68	0.55	0.06	0.02	−0.07	0.07	0.214**	1.00	0.671**	0.693**	0.705**
7	品牌依恋	3.64	0.60	−0.07	−0.03	−0.07	0.00	0.111*	0.671**	1.00	0.705**	0.755**
8	产品依恋	3.84	0.63	−0.01	−0.01	−0.05	0.05	0.165**	0.693**	0.705**	1.00	0.798**
9	品牌信任	3.75	0.54	0.02	0.06	−0.07	0.01	0.174**	0.705**	0.755**	0.798**	1.00

注：N=421。
资料来源：作者通过 SPSS19.0 处理所得。
a. ** 在 0.01 水平(双侧)下显著相关，* 在 0.05 水平(双侧)下显著相关。
b. 性别：1＝男；0＝女。
c. 年龄：1＝18 岁以下；2＝18—25 岁；3＝26—30 岁；4＝31—40 岁；5＝41—50 岁；6＝51—60 岁；7＝60 岁以上。
d. 职业：1＝政府机关或事业单位；2＝企业职工；3＝个体工商户；4＝学生；5＝其他。
e. 学历：1＝高中及以下；2＝大专；3＝本科；4＝硕士及以上。
f. 月收入：1＝1 000 元以下；2＝1 000—3 000 元；3＝3 000—5 000 元；4＝5 000—8 000 元；5＝8 000 元以上。

本次相关性检验是两个样本独立进行，因为品牌的不同会影响构念之间的相关程度。可以看出，在样本一中，品牌体验和品牌依恋的相关性为 0.69，品牌体验和产品依恋的相关系数为 0.663，品牌体验和品牌信任的相关系数为 0.694，说明品牌体验和其后置的三个变量正相关。在样本二中，同样也是品牌体验和其后置三个变量正相关，与本书的假设基本一致。这为后续的回归分析奠定了基础。

7.4.2　多重共线性检验

在进行回归分析之前，必须要对变量进行多重共线性分析。多重共线性又称为线性重合,是指解释变量之间存在严重的线性关系。徐云杰(2011)认为多重共线性会影响自变量对因变量的回归解释;也就是说,如果自变量之间存在多重共线性,那么通过回归分析来解释自变量和因变量之间的关系就不可靠。

由于本次研究中控制变量、自变量、中介变量均在同一份问卷中收集,所以研究三在通过回归分析检验假设成立之前,对两份样本的变量之间的多重共线性进行检验。研究三采用的是方差膨胀因子(VIF,variance inflation factor)来对变量之间的多重共线性进行检验(Craney and Surles,2002;Garcā et. al,2015)。具体如下:当方差膨胀系数越低的时候,变量之间存在多重共线性的问题就越小。基于马庆国(2002)的建议,认为当 VIF 值小于 10 的时候,此时可以认为各变量之间不存在多重共线性的问题,如果当 VIF 值高于 10 小于 100 的时候,此时认为各变量之间存在一定的多重共线性问题;而当 VIF 值高于 100 的时候,此时变量之间则存在较为严重的多重共线性问题。所以研究三将两个样本的所有变量分开,来对两个样本的多重共线性问题进行独立检验。检验结果如表 7-16 和表 7-17 所示。

表 7-16　样本一:感性体验型品牌样本的主要变量的多重共线性检验

变量名称	容忍度	方差膨胀因子(VIF)
控制变量		
性别	0.956	1.046
年龄	0.837	1.195
职业	0.76	1.315
学历	0.888	1.126
月收入	0.699	1.43
自变量		
品牌体验	0.443	2.259
中介变量		
品牌依恋	0.424	2.357
产品依恋	0.466	2.145

注:N=426。
资料来源:作者整理。

表 7-17　样本二：理性体验型品牌样本的主要变量的多重共线性检验

变量名称	容忍度	方差膨胀因子(VIF)
控制变量		
性别	0.964	1.038
年龄	0.902	1.109
职业	0.78	1.283
学历	0.86	1.163
月收入	0.734	1.362
自变量		
品牌体验	0.435	2.298
中介变量		
品牌依恋	0.425	2.351
产品依恋	0.413	2.42

注：N=421。
资料来源：作者整理。

通过上述对两个样本的多重共线性检验可以发现，本次调研两个样本的变量测度都不存在多重共线性的问题。可以看出，在样本一和样本二中没有VIF值高于10，参照马庆国(2002)的意见，本次调研不存在多重共线性问题，测量结果较为可靠，可以通过回归分析对假设进行检验。

7.4.3　品牌体验的情感机制和理性机制分析

基于本书的研究模型，品牌体验作为自变量需要验证两个方面的影响机制。首先是品牌体验对品牌依恋和产品依恋的作用结果机制，其次是品牌体验对品牌信任的作用结果机制。研究三决定通过对两个样本的分别回归进行对比，从而得出理性体验型品牌的品牌体验影响机制和感性体验型品牌的品牌体验影响机制不同之处。

1. 品牌感性体验和品牌理性体验对品牌依恋影响的对比分析

研究三首先探讨品牌感性体验和品牌理性体验哪个对品牌依恋的影响更强。为了验证这个假设，研究三首先对感性体验型品牌的样本一和理性体验型品牌的样本二进行回归分析，对两个样本单独采用强制变量进入法对数据进行层次回归分析,所得回归结果如表 7-18 所示。

表 7-18 不同的品牌体验对品牌依恋的回归结果

变量	样本一				样本二			
	模型一		模型二		模型一		模型二	
	回归系数	标准误	回归系数	标准误	回归系数	标准误	回归系数	标准误
(常数项)	3.359	0.231	0.718	0.215	3.737	0.233	1.271	0.213
性别[b]	0.026	0.061	−0.015	0.045	−0.094	0.059	0.14***	0.043
年龄[c]	−0.014	0.03	0.01	0.021	−0.035	0.027	−0.027	0.02
职业[d]	0.105**	0.034	−0.066	0.025	−0.027	0.034	−0.038	0.025
学历[e]	0.07	0.047	0.001	0.035	−0.047	0.05	−0.048	0.036
月收入[f]	0.084**	0.031	−0.003	0.023	0.072	0.031	−0.012	0.023
品牌感性体验			0.58***	0.043			0.52***	0.045
品牌理性体验			0.23***	0.04			0.25***	0.039
R^2	0.081		0.521		0.025		0.485	
调整过的 R^2	0.07		0.513		0.13		0.477	
F 值	7.394		64.905		2.089		55.666	
P	0.000		0.000		0.066		0.000	
样本量	426		426		421		421	

注：表中汇报的是非标准化的回归系数。
* $p<0.05$,** $p<0.01$,*** $p<0.001$。
a. *** 相关性在 0.001 水平(双尾检验)显著,** 相关性在 0.01 水平(双尾检验)显著,* 相关性在 0.05 水平(双尾检验)显著。
b. 性别：1=男;0=女。
c. 年龄：1=18 岁以下;2=18—25 岁;3=26—30 岁;4=31—40 岁;5=41—50 岁;6=51—60 岁;7=60 岁以上。
d. 职业：1=政府机关或事业单位;2=企业职工;3=个体工商户;4=学生;5=其他。
e. 学历：1=高中及以下;2=大专;3=本科;4=硕士及以上。
f. 月收入：1=1 000 元以下;2=1 000—3 000 元;3=3 000—5 000 元;4=5 000—8 000 元;5=8 000 元以上。

首先,对样本一和样本二进行回归之后,分别得到两个模型。模型一是控制变量对品牌依恋的影响,模型二是在模型一的基础上加入品牌感性体验和品牌理性体验进行分析。可以看出,在样本一的模型一中,职业和月收入对品牌依恋的影响十分显著,而在样本二的模型一中,则不存在职业和月收入的影响。这说明,在感性体验型品牌中,职业和月收入对感性体验型品牌更为注重,也更多地会对品牌产生情感。之后,在加入自变量之后,可以看出两个样本的模型二的拟合度指数都更高,样本一的模型二调整过的 $R^2=0.513$,样本二的模型二调整过的 $R^2=0.477$,这说明相较于控制变量而言,两个样本都显示了品牌感性体验和品牌理性体验相较于控制变量而言对品牌依恋有更为显著的影响。在感性体验型品牌中,品牌感性体验对品牌依恋的影响系数为0.579($p<0.001$),而品牌理性体验对品牌依恋的影响系数为 0.227 ($p<0.001$)。在样本二中,品牌感性体验对品牌依恋的影响系数为 0.518 ($p<0.001$),而品牌理性体验对品牌依恋的影响系数为 0.249($p<0.001$)。可以看出,无论感性体验型品牌还是理性体验型品牌,品牌感性体验更多地影响品牌依恋,较少地影响产品依恋。通过两个样本可以看出,对感性体验型品牌来说,其感性体验比理性体验型品牌的感性体验对品牌依恋的影响更强,而对理性体验型品牌来说,其理性体验则比感性体验型品牌的理性体验更多地影响品牌依恋。

通过以上数据分析我们可以看出,感性体验相较于理性体验更多地影响品牌依恋。假设1a得到支持。

2. 品牌感性体验和品牌理性体验对产品依恋影响的对比分析

假设1b探讨的是品牌感性体验和品牌理性体验对产品依恋的影响。为检验这一假设,本书依旧使用 SPSS 19.0 对两个样本单独采用强制变量进入法进行层次回归分析,所得结果如表7-19所示。

表7-19 不同的品牌体验对产品依恋的回归结果

变量	样本一				样本二			
	模型一		模型二		模型一		模型二	
	回归系数	标准误	回归系数	标准误	回归系数	标准误	回归系数	标准误
(常数项)	3.379	0.209	1.192	0.208	3.526	0.245	0.959	0.224
性别[b]	0.02	0.055	−0.004	0.043	−0.029	0.062	−0.068	0.046
年龄[c]	−0.021	0.027	−0.003	0.021	−0.024	0.029	−0.016	0.021

续 表

变量	样本一				样本二			
	模型一		模型二		模型一		模型二	
	回归系数	标准误	回归系数	标准误	回归系数	标准误	回归系数	标准误
职业[d]	−0.026	0.031	−0.007	0.024	0.008	0.036	−0.002	0.026
学历[e]	0.087	0.043	0.022	0.033	0.001	0.052	−0.003	0.038
月收入[f]	0.1***	0.028	0.025	0.022	0.11***	0.033	0.017	0.024
品牌感性体验			0.34***	0.041			0.43***	0.047
品牌理性体验			0.34***	0.039			0.37***	0.041
R^2	0.064		0.443		0.03		0.485	
调整过的 R^2	0.052		0.434		0.018		0.476	
F 值	5.698		47.517		2.55		55.554	
P	0.000		0.000		0.027		0.000	
样本量	426		426		421		421	

注：表中汇报的是非标准化的回归系数。
* $p<0.05$,** $p<0.01$,*** $p<0.001$。
a. *** 相关性在 0.001 水平（双尾检验）显著,** 相关性在 0.01 水平（双尾检验）显著,* 相关性在 0.05 水平（双尾检验）显著。
b. 性别：1＝男；0＝女。
c. 年龄：1＝18 岁以下；2＝18—25 岁；3＝26—30 岁；4＝31—40 岁；5＝41—50 岁；6＝51—60 岁；7＝60 岁以上。
d. 职业：1＝政府机关或事业单位；2＝企业职工；3＝个体工商户；4＝学生；5＝其他。
e. 学历：1＝高中及以下；2＝大专；3＝本科；4＝硕士及以上。
f. 月收入：1＝1 000 元以下；2＝1 000—3 000 元；3＝3 000—5 000 元；4＝5 000—8 000 元；5＝8 000 元以上。

从以上回归结果可以看出，两个样本中控制变量对产品依恋的影响较小。首先，模型一是仅包含控制变量的回归模型。通过两个样本的模型一可以发现，人口统计学信息的控制变量对产品依恋的影响都不显著。这说明，对于品牌产品和服务的功能的需求不受到人口的性别、年龄、职业等等影响。但是，产品依恋受到月收入的影响，月收入越高，对于品牌产品和服务的功能性依赖越强。而模型二则是加入了两个自变量来对模型进行回归分析，通过回归分析可以看出，品牌的感性体验和品牌的理性体验对产品依恋的影响显著，这是因为模型二的模型的拟合值(样本一中调整过的 $R^2=0.434$,样本二中调整过的 $R^2=0.476$)比模型一更好。但是对比系数我们可以发现,在样本一中,品牌感性体验和品牌理性体验对产品依恋的影响一致,其标准化的回归系数都为 $0.34(p<0.001)$,而在样本二中,品牌感性体验和品牌理性体验对产品依恋的影响有差别,其中品牌感性体验的标准化回归系数为 $0.43(p<0.001)$,而品牌理性体验的标准化回归系数为 $0.37(p<0.001)$。这说明,对比两个不同体验类型的品牌而言,理性体验型品牌确实比感性体验型品牌要更多地影响到消费者的产品依恋情况,但是就品牌理性体验是否能够更多地影响到产品依恋,本次数据尚未得到支持。

综上所述,就假设1b品牌理性体验相比于品牌感性体验能够更多地影响产品依恋,数据结论没有支持这一假设。

3. 品牌体验对品牌信任的感性和理性作用分析

本书为了验证假设2和其子假设,研究三通过SPSS19.0对品牌体验和品牌信任进行回归分析。所采用的是强制变量进入的层次分析法,所得结果如表7-20所示。

表 7-20 品牌体验对品牌信任的回归结果

变量	样本一				样本二			
	模型一		模型二		模型一		模型二	
	回归系数	标准误	回归系数	标准误	回归系数	标准误	回归系数	标准误
(常数项)	3.618	0.197	1.456	0.187	3.49	0.208	1.281	0.187
性别[b]	0.006	0.052	−0.018	0.039	−0.003	0.053	−0.034	0.038
年龄[c]	−0.059	0.025	−0.041	0.019	0.007	0.024	0.014	0.018
职业[d]	−0.08**	0.029	−0.06*	0.022	−0.002	0.031	−0.01	0.022
学历[e]	0.061	0.04	−0.003	0.03	−0.033	0.044	−0.038	0.032
月收入[f]	0.01***	0.027	0.027	0.02	0.09***	0.028	0.013	0.02
品牌体验			0.67***	0.036			0.68***	0.035

续 表

变量	样 本 一				样 本 二			
	模型一		模型二		模型一		模型二	
	回归系数	标准误	回归系数	标准误	回归系数	标准误	回归系数	标准误
R^2	0.093		0.5		0.032		0.501	
调整过的 R^2	0.083		0.493		0.2		0.494	
F 值	8.645		69.895		2.745		69.382	
P	0.000		0.000		0.019		0.000	
样本量	426		426		421		421	

注：表中汇报的是非标准化的回归系数。

* $p<0.05$，** $p<0.01$，*** $p<0.001$。

a. *** 相关性在 0.001 水平（双尾检验）显著，** 相关性在 0.01 水平（双尾检验）显著，* 相关性在 0.05 水平（双尾检验）显著。

b. 性别：1=男；0=女。

c. 年龄：1=18 岁以下；2=18—25 岁；3=26—30 岁；4=31—40 岁；5=41—50 岁；6=51—60 岁；7=60 岁以上。

d. 职业：1=政府机关或事业单位；2=企业职工；3=个体工商户；4=学生；5=其他。

e. 学历：1=高中及以下；2=大专；3=本科；4=硕士及以上。

f. 月收入：1=1 000 元以下；2=1 000—3 000 元；3=3 000—5 000 元；4=5 000—8 000 元；5=8 000 元以上。

从表 7-20 可以看出，研究三首先对样本一和样本二中的控制变量对品牌信任做整体回归。在两个样本的模型一中可以发现，月收入对品牌信任的影响显著，月收入越高，对品牌信任的程度越高。而通过职业也可以发现，越是有固定工作的消费者对品牌的信任度越高，尤其是企业职工还有政府机关或事业单位的员工。相反，学生和个体工商户以及其他等不具有稳定工作的消费者对品牌的信任度越低。其次，通过模型二和模型一的对比可以发现，模型二的拟合程度比模型一更好。其中样本一中，调整过的 $R^2=0.493$，样本二中调整过的 $R^2=0.494$，显著高于模型一。这说明，品牌体验相较于控制变量来说，显著影响品牌信任。而通过样本一和样本二的品牌体验的非标准化回归系数可以发现，品牌体验对品牌信任的影响在 0.01 的水平上显著，也就是说品牌体验对品牌信任有十分显著的正向影响的。因此，假设 2 得到支持。

而为了验证假设 2a 和假设 2b，本书研究又通过对将品牌体验的维度对品牌信任的维度分别进行回归。为了检验假设2a,研究三纳入品牌感性体验和品牌理性体验对品牌感性体验进行回归,所得结果如表7-21所示。

表7-21 不同类型的品牌体验对品牌情感信任的回归结果

变量	样本一				样本二			
	模型一		模型二		模型一		模型二	
	回归系数	标准误	回归系数	标准误	回归系数	标准误	回归系数	标准误
(常数项)	3.424	0.249	0.814	0.247	3.21	0.256	0.577	0.238
性别[b]	−0.014	0.066	−0.056	0.051	0.022	0.065	−0.035	0.048
年龄[c]	−0.056	0.032	−0.031	0.025	0.044	0.03	0.053	0.022
职业[d]	−0.1*	0.037	−0.064	0.029	−0.026	0.038	−0.039	0.028
学历[e]	0.051	0.051	−0.016	0.04	−0.058	0.055	−0.057	0.041
月收入[f]	0.13***	0.034	0.042	0.026	0.1**	0.034	0.015	0.026
品牌感性体验			0.6***	0.049			0.59***	0.05
品牌理性体验			0.2***	0.046			0.23***	0.043
R^2	0.093		0.463		0.045		0.475	
调整过的R^2	0.083		0.454		0.033		0.466	
F值	8.627		51.419		3.876		53.324	
P	0.000		0.000		0.002		0.000	
样本量	426		426		421		421	

注:表中汇报的是非标准化的回归系数。
* $p<0.05$, ** $p<0.01$, *** $p<0.001$。
a. *** 相关性在0.001水平(双尾检验)显著,** 相关性在0.01水平(双尾检验)显著,* 相关性在0.05水平(双尾检验)显著。
b. 性别:1=男;0=女。
c. 年龄:1=18岁以下;2=18—25岁;3=26—30岁;4=31—40岁;5=41—50岁;6=51—60岁;7=60岁以上。
d. 职业:1=政府机关或事业单位;2=企业职工;3=个体工商户;4=学生;5=其他。
e. 学历:1=高中及以下;2=大专;3=本科;4=硕士及以上。
f. 月收入:1=1 000元以下;2=1 000—3 000元;3=3 000—5 000元;4=5 000—8 000元;5=8 000元以上。

通过品牌体验不同维度对品牌情感信任的回归分析可以发现,在两个样本中,品牌感性体验对品牌情感信任要高于品牌理性体验对品牌情感信任的影响。首先,在通过两个样本的模型一可以看出,月收入依旧是影响品牌情感信任的主要控制变量。但是在加入品牌感性体验和品牌理性体验之后,发现两个样本中模型二的拟合度较模型一有较大提升。所以品牌感性体验和品牌理性体验更为显著地影响品牌情感信任。其次,通过品牌感性体验和品牌理性体验的非标准化系数可以看出,品牌感性体验相较于品牌理性体验更多地影响品牌情感信任。所以假设 2a 得到证实。

接着为了验证假设 2b,本书将品牌感性体验和品牌理性体验对品牌认知信任进行回归分析,所得结果如表 7-22 所示。

表 7-22 不同类型的品牌体验对品牌认知信任的回归结果

变量	样本一				样本二			
	模型一		模型二		模型一		模型二	
	回归系数	标准误	回归系数	标准误	回归系数	标准误	回归系数	标准误
(常数项)	3.813	0.188	1.909	0.19	3.769	0.205	1.855	0.205
性别[b]	0.026	0.05	−0.005	0.039	−0.028	0.052	−0.062	0.042
年龄[c]	−0.062	0.024	−0.043	0.019	−0.03	0.024	−0.024	0.019
职业[d]	−0.048	0.028	−0.019	0.022	0.023	0.03	0.015	0.024
学历[e]	0.071	0.038	0.022	0.031	−0.008	0.044	−0.01	0.035
月收入[f]	0.067*	0.025	0.004	0.02	0.078**	0.027	0.013	0.022
品牌感性体验			0.43***	0.038			0.36***	0.043
品牌理性体验			0.15***	0.036			0.23***	0.037
R^2	0.063		0.42		0.22		0.382	
调整过的 R^2	0.052		0.411		0.1		0.372	
F 值	5.669		43.301		1.87		36.486	
P	0.000		0.000		0.098		0.000	
样本量	426		426		421		421	

注:表中汇报的是非标准化的回归系数。
* $p<0.05$,** $p<0.01$,*** $p<0.001$。
a. *** 相关性在 0.001 水平(双尾检验)显著,** 相关性在 0.01 水平(双尾检验)显著,* 相关性在 0.05 水平(双尾检验)显著。
b. 性别:1=男;0=女。
c. 年龄:1=18 岁以下;2=18—25 岁;3=26—30 岁;4=31—40 岁;5=41—50 岁;6=51—60 岁;7=60 岁以上。
d. 职业:1=政府机关或事业单位;2=企业职工;3=个体工商户;4=学生;5=其他。
e. 学历:1=高中及以下;2=大专;3=本科;4=硕士及以上。
f. 月收入:1=1 000 元以下;2=1 000—3 000 元;3=3 000—5 000 元;4=5 000—8 000 元;5=8 000 元以上。

从表 7-22 的回归分析可以看出,在样本一和样本二的模型一中,控制变量月收入对品牌认知信任的影响是显著的,月收入越高,消费者对品牌的认知信任度也越高。通过纳入对品牌感性体验和品牌理性体验可以看出,模型二在拟合度上远超于模型一。这说明品牌感性体验和品牌理性体验对品牌认知信任的影响显著。样本一中,品牌感性体验的非标准化系数大于品牌理性体验的非标准化系数;样本二中,品牌感性体验的非标准化系数比样本一中的略微减少,但是依旧高于品牌理性体验的非标准化系数。而样本二中品牌理性体验的非标准化系数比样本一中的要高,这说明理性体验型品牌能够提升对品牌的认知信任。但是通过系数比较,不能说明品牌理性体验相较于品牌感性体验能更多地影响品牌认知信任,所以假设 2b 没有得到支持。

7.4.4　品牌依恋、产品依恋对品牌信任影响的对比分析

1. 品牌依恋对品牌情感信任影响作用分析

对于假设 3 的验证,研究三依旧通过 SPSS 19.0 对相关变量进行回归分析,采用强制变量进入法进行层次回归,得到的结果如表 7-23 所示。

表 7-23　品牌依恋、产品依恋对品牌情感信任的回归结果

变量	样本一				样本二			
	模型一		模型二		模型一		模型二	
	回归系数	标准误	回归系数	标准误	回归系数	标准误	回归系数	标准误
(常数项)	3.424	0.249	0.17	0.201	3.21	0.256	−0.049	0.212
性别[b]	−0.014	0.066	−0.036	0.041	0.022	0.065	0.081	0.042
年龄[c]	−0.056	0.032	−0.039	0.02	0.044	0.03	0.07***	0.019
职业[d]	−0.1*	0.037	−0.038	0.023	−0.026	0.038	−0.016	0.024
学历[e]	0.051	0.051	−0.024	0.032	−0.058	0.055	−0.035	0.035
月收入[f]	0.13***	0.034	0.041	0.021	0.1**	0.034	0.026	0.022
品牌依恋			0.53***	0.043			0.51***	0.049
产品依恋			0.44***	0.048			0.39***	0.046

续 表

变 量	样 本 一				样 本 二			
	模型一		模型二		模型一		模型二	
	回归系数	标准误	回归系数	标准误	回归系数	标准误	回归系数	标准误
R^2	0.093		0.649		0.045		0.609	
调整过的 R^2	0.083		0.643		0.033		0.602	
F 值	8.627		110.569		3.876		91.859	
P	0.000		0.000		0.002		0.000	
样本量	426		426		421		421	

注：表中汇报的是非标准化的回归系数。
* $p<0.05$，** $p<0.01$，*** $p<0.001$。
a. *** 相关性在 0.001 水平(双尾检验)显著，** 相关性在 0.01 水平(双尾检验)显著，* 相关性在 0.05 水平(双尾检验)显著。
b. 性别：1＝男；0＝女。
c. 年龄：1＝18 岁以下；2＝18—25 岁；3＝26—30 岁；4＝31—40 岁；5＝41—50 岁；6＝51—60 岁；7＝60 岁以上。
d. 职业：1＝政府机关或事业单位；2＝企业职工；3＝个体工商户；4＝学生；5＝其他。
e. 学历：1＝高中及以下；2＝大专；3＝本科；4＝硕士及以上。
f. 月收入：1＝1 000 元以下；2＝1 000—3 000 元；3＝3 000—5 000 元；4＝5 000—8 000 元；5＝8 000 元以上。

由于之前已经用控制变量对品牌情感信任进行过多次回归,所以在此不具体展开说明控制变量的影响。可以看出,在样本一和样本二的模型二中,拟合指数普遍好于模型一。这说明,品牌依恋和产品依恋对于品牌情感信任具有显著影响。通过两个样本可以看出,感性体验型品牌的品牌依恋和产品依恋比理性体验型品牌对品牌情感信任的作用更大。并且,通过非标准化回归系数也可以发现,品牌依恋对品牌情感信任的作用大于产品依恋对品牌情感信任的作用。基于此可知,相较于产品依恋,品牌依恋更多地作用于品牌情感信任。假设 3 得到证实。

2. 产品依恋对品牌认知信任影响作用分析

品牌依恋和产品依恋对品牌认知信任的回归结果如表 7-24 所示。

表 7-24 品牌依恋、产品依恋对品牌认知信任的回归结果

变量	样本一				样本二			
	模型一		模型二		模型一		模型二	
	回归系数	标准误	回归系数	标准误	回归系数	标准误	回归系数	标准误
(常数项)	3.813	0.188	1.409	0.16	3.769	0.205	1.293	0.171
性别[b]	0.026	0.05	0.011	0.033	−0.028	0.052	0.005	0.034
年龄[c]	−0.062	0.024	−0.05**	0.016	−0.03	0.024	−0.011	0.016
职业[d]	−0.048	0.028	−0.011	0.018	0.023	0.03	0.025	0.02
学历[e]	0.071	0.038	0.013	0.025	−0.008	0.044	0	0.028
月收入[f]	0.067*	0.025	0.001	0.017	0.078**	0.027	0.012	0.018
品牌依恋			0.23***	0.035			0.19***	0.039
产品依恋			0.48***	0.038			0.5***	0.037
R^2	0.063		0.42		0.22		0.382	
调整过的 R^2	0.052		0.411		0.1		0.372	
F 值	5.669		43.301		1.87		36.486	
P	0.000		0.000		0.098		0.000	
样本量	426		426		421		421	

注：表中汇报的是非标准化的回归系数。
* $p<0.05$，** $p<0.01$，*** $p<0.001$。
a. *** 相关性在 0.001 水平（双尾检验）显著，** 相关性在 0.01 水平（双尾检验）显著，* 相关性在 0.05 水平（双尾检验）显著。
b. 性别：1＝男；0＝女。
c. 年龄：1＝18 岁以下；2＝18—25 岁；3＝26—30 岁；4＝31—40 岁；5＝41—50 岁；6＝51—60 岁；7＝60 岁以上。
d. 职业：1＝政府机关或事业单位；2＝企业职工；3＝个体工商户；4＝学生；5＝其他。
e. 学历：1＝高中及以下；2＝大专；3＝本科；4＝硕士及以上。
f. 月收入：1＝1 000 元以下；2＝1 000—3 000 元；3＝3 000—5 000 元；4＝5 000—8 000 元；5＝8 000 元以上。

通过上述回归分析可以看出，无论在样本一还是在样本二中，产品依恋对品牌认知信任的影响都显著大于品牌依恋对品牌认知信任的影响。其中，本次研究的两个样本都分别包含两个模型。模型一是控制变量对品牌认知信任的影响，模型二是纳入品牌依恋和产品依恋之后对品牌认知信任的影响。通过模型拟合指标可以看出，品牌依恋和产品依恋对品牌认知信任具有非常显著的影响。而且通过非标准化的回归系数对比可以看出，样本一中的产品依

恋对品牌认知信任的影响度超过品牌依恋的影响度，样本二中的情况也和样本一基本一致。并且样本二是针对理性体验型品牌所进行的调研，可以得出理性体验型品牌的用户会对感性体验型品牌的用户更多对产品产生依恋，从而更多产生认知信任。

基于此，可以看出相较于品牌依恋，产品依恋会更多影响消费者的品牌认知信任，假设4得到支持。

7.4.5 品牌依恋和产品依恋的中介作用分析

中介作用(mediator effect)是指一组变量之间的间接因果关系，徐云杰(2011)认为多重共线性可能也表明一个自变量对因变量的作用是由另外一个自变量所中介，而中介作用分为完全中介和部分中介。

对于中介作用的检验，有很多学者都提出十分严谨的解决方法(Rozeboom 1956；Li et. al, 2007；Evren and Cinar, 2012；温忠麟、张雷和侯杰泰, 2006)，但是作为非多重中介效应的检验，Baron和Kenny(1986)提出的中介效应检验法更加经典。首先，先将自变量A对因变量C做回归，并显示A对C是显著的；其次，用自变量A对中介变量B做回归，并显示A对B是显著的；再次，用中介变量B对因变量C做回归，并显示B对C是显著的；最后，将自变量A和中介变量B一起对因变量C做回归，并显示A对C的作用显著降低，说明B是A和C之间的中介变量。因此，研究三参考Baron和Kenny(1986)对中介变量的检验步骤，对品牌依恋和产品依恋的中介效应进行检验。

1. 品牌依恋的中介作用分析

按照Baron和Kenny(1986)对中介效应检验的方法来说，研究三对品牌依恋的中介作用分析需要建立在四次回归模型的基础上。但是由于之前对其他假设进行检验的时候已经检验了品牌感性体验和品牌依恋、品牌依恋和品牌情感信任的回归关系，可以看出，品牌感性体验对品牌依恋的作用是显著的，并且品牌依恋对品牌情感信任的作用也是显著的。所以，研究三在进行品牌依恋的中介效应检验时就直接搭建品牌感性体验对品牌情感信任和品牌感性体验、品牌依恋对品牌情感信任的回归模型。具体结果如表7-25所示。

表 7-25　品牌依恋的中介效应回归检验

变量	样本一				样本二			
	模型一		模型二		模型一		模型二	
	回归系数	标准误	回归系数	标准误	回归系数	标准误	回归系数	标准误
(常数项)	1.073	0.245	0.446	0.21	0.857	0.24	−0.053	0.217
性别[b]	−0.064	0.052	−0.049	0.044	−0.051	0.05	0.042	0.043
年龄[c]	−0.03	0.025	−0.037	0.021	0.053	0.023	0.069	0.02
职业[d]	−0.053	0.029	−0.02	0.025	−0.04	0.029	−0.017	0.025
学历[e]	−0.001	0.04	−0.012	0.034	−0.05	0.042	−0.027	0.036
月收入[f]	0.05	0.027	0.046	0.023	0.029	0.026	0.027	0.023
品牌感性体验	0.7***	0.044	0.27***	0.049	0.74***	0.043	0.35***	0.048
品牌依恋			0.62***	0.046			0.58***	0.046
R^2	0.439		0.607		0.44		0.593	
调整过的 R^2	0.431		0.6		0.431		0.586	
F 值	54.63		92.208		54.124		85.993	
P	0.000		0.000		0.000		0.000	
样本量	426		426		421		421	

注：表中汇报的是非标准化的回归系数。
* $p<0.05$，** $p<0.01$，*** $p<0.001$。
a. *** 相关性在 0.001 水平(双尾检验)显著，** 相关性在 0.01 水平(双尾检验)显著，* 相关性在 0.05 水平(双尾检验)显著。
b. 性别：1＝男；0＝女。
c. 年龄：1＝18 岁以下；2＝18—25 岁；3＝26—30 岁；4＝31—40 岁；5＝41—50 岁；6＝51—60 岁；7＝60 岁以上。
d. 职业：1＝政府机关或事业单位；2＝企业职工；3＝个体工商户；4＝学生；5＝其他。
e. 学历：1＝高中及以下；2＝大专；3＝本科；4＝硕士及以上。
f. 月收入：1＝1 000 元以下；2＝1 000—3 000 元；3＝3 000—5 000 元；4＝5 000—8 000 元；5＝8 000 元以上。

其中两个样本的模型一是品牌感性体验对品牌情感信任的回归，可以看出其非标准化回归系数是在 0.01 的水平上显著。通过两个样本的模型二可以看出，通过加入品牌依恋这一中介，品牌感性体验对品牌情感信任的影响大幅度降低，并且模型二中，品牌情感信任和品牌依恋对品牌情感信任的影响都在 0.01 的水平上显著。这说明，品牌依恋是品牌感性体验和品牌情感信任的中介变量。但是通过两个样本检测可以看出，加入品牌依恋之后，品牌感性体验的非标准化回归系数仍然显著,所以品牌依恋在品牌感性体验和品牌情感信任之中起到部分中介作用。

基于此,假设 5 品牌依恋在品牌感性体验和品牌情感信任中起到的中介作用得到检验通过。

2.产品依恋的中介作用分析

参考 Baron 和 Kenny(1986)的建议,研究三对产品依恋的中介进行同样的分析,结果如表 7-26 所示。

表 7-26 产品依恋的中介效应检验

变量	样本一				样本二			
	模型一		模型二		模型一		模型二	
	回归系数	标准误	回归系数	标准误	回归系数	标准误	回归系数	标准误
(常数项)	2.747	0.201	1.584	0.168	2.445	0.208	1.484	0.169
性别[b]	0.026	0.045	0.014	0.034	−0.024	0.045	−0.01	0.034
年龄[c]	−0.056	0.022	−0.048	0.017	−0.027	0.021	−0.015	0.016
职业[d]	−0.055	0.025	−0.032	0.019	0.021	0.026	0.018	0.02
学历[e]	0.031	0.035	0.012	0.027	−0.018	0.038	−0.011	0.029
月收入[f]	0.033	0.023	0.003	0.018	0.027	0.024	0.007	0.018
品牌理性体验	0.35***	0.035	0.03***	0.033	0.41***	0.034	0.07***	0.032
产品依恋			0.63***	0.036			0.58***	0.034
R^2	0.283		0.556		0.276		0.575	
调整过的 R^2	0.227		0.549		0.266		0.565	
F 值	21.783		54.78		26.323		79.697	
P	0.000		0.000		0.000		0.000	
样本量	426		426		421		421	

注:表中汇报的是非标准化的回归系数。

* $p<0.05$, ** $p<0.01$, *** $p<0.001$。

a. *** 相关性在 0.001 水平(双尾检验)显著,** 相关性在 0.01 水平(双尾检验)显著,* 相关性在 0.05 水平(双尾检验)显著。

b. 性别:1=男;0=女。

c. 年龄:1=18 岁以下;2=18—25 岁;3=26—30 岁;4=31—40 岁;5=41—50 岁;6=51—60 岁;7=60 岁以上。

d. 职业:1=政府机关或事业单位;2=企业职工;3=个体工商户;4=学生;5=其他。

e. 学历:1=高中及以下;2=大专;3=本科;4=硕士及以上。

f. 月收入:1=1 000 元以下;2=1 000—3 000 元;3=3 000—5 000 元;4=5 000—8 000 元;5=8 000 元以上。

通过产品依恋进行中介分析可以看出,首先,在之前的假设检验中,可以看出品牌理性体验对产品依恋的影响是显著的,产品依恋对品牌认知信任的影响显著。其次,通过上述模型一可以看出,在两个样本中,品牌理性体验对品牌认知信任的影响显著。在加入了产品依恋的模型二中,两个样本均显示产品依恋和品牌理性体验对品牌认知信任的影响仍然显著,并且品牌理性体验对品牌认知信任的影响比在模型一中大幅度降低。因此,产品依恋是品牌理性体验和品牌认知信任之间的中介变量。但是由于模型二中品牌理性体验的非标准化回归系数仍然显著,故产品依恋在品牌理性体验和品牌认知信任中起到部分中介作用。

基于此,假设6产品依恋在品牌理性体验和品牌认知信任中起到的中介作用得到支持。

7.5 对未获得验证的假设进行讨论

可以看出,子研究三未证实品牌理性体验会更多地导致产品依恋以及品牌理性体验会更多地导致品牌认知信任这两条假设。

首先,这两条假设未证实的原因跟品牌体验具有相关性。第一个就是因为对于体验自身的思考。通过之前文献综述可以看出,体验是消费者内心的独特感受,是一种主观的感受。而从心理学和管理学大多数对体验的研究可以看出,体验是具有"感性"的(Carstensen and Pasupathi,2002)。目前,品牌体验的相关研究已经揭示出体验的"理性"性(Brakus et al.,2009),但是相较于体验的"感性","理性"这一特点在体验中还不能够完全彰显出来。这使得本书研究对于区分体验对消费者的理性和情感影响不显著。而结果更加证明了体验更多具有"感性"而较少具有"理性"。这从而引出第二个原因,虽然大量研究表明品牌体验具有感性和理性两个层面(Meyer,2007;Mosley,2007),但是这两个层面之间的边界关系还有待讨论(Rajgopa,2000)。虽然子研究三探索性地将品牌体验的两个层面进行独立分析,但是这两者之间的边界关系仍然未在本书研究中得到证实。通过回归结果可以看出，无论在样本一还是在样本二中，品牌的感性体验比品牌理性体验要更多地影响到品牌依恋、产品依恋以及品牌信任。从调研结果可以看出，在本次研究中，体验更多触动消费者的情感因素，而非理性思考。

其次是调研问题。我们通过调研结果可以看出，消费者可能对产品依恋和品牌认知信任以及品牌理性体验的量表并不能完全区分开。这可能跟调研的样本分布存在关系。由于本次样本中存在大量的学历在本科以上的、年龄在25岁以上40岁以下的年轻人群，这种样本特征分布可能会导致测量结果产生偏差。也就是说，目前的年轻消费群体越来越注重自身的情感，这也从侧面直接证实了本书模型的背景和意义：在目前互联网时代，消费者越来越重视自身的情感，企业也需要进行情感营销，需要注重消费者的情感感受。也就是说，本次H1b和H2b不成立的原因与被试人口统计学偏差有直接的关系。

7.6 本章小结

本章通过对大规模问卷调研设计，对回收上来的数据进行处理来验证相关假设。本章先对大规模问卷调研的过程进行设计，之后对收集上来的数据进行筛选，运用描述性统计和验证性因子分析对本次调研数据质量进行检验。随后对数据进行回归分析，验证了本书研究提出的假设。所得到的结果如表7-27所示。

表7-27 研究假设验证结果

研究假设	是否支持	假设序号	假设内容
品牌体验和品牌依恋、产品依恋	支持	H1	品牌体验和品牌依恋、产品依恋正相关
	支持	H1a	相较于品牌理性体验，品牌感性体验与品牌依恋正相关程度更高
	不支持	H1b	相较于品牌感性体验，品牌理性体验与产品依恋正相关程度更高

续 表

研究假设	是否支持	假设序号	假设内容
品牌体验和品牌信任	支持	H2	品牌体验与品牌信任正相关
	支持	H2a	较于品牌理性体验,品牌感性体验与品牌情感信任正相关程度更高
	不支持	H2b	相较于品牌感性体验,品牌理性体验与认知信任正相关程度更高
品牌依恋和品牌信任	支持	H3	相较于产品依恋,品牌依恋与品牌情感信任正相关程度更高
产品依恋和品牌信任	支持	H4	相较于品牌依恋,产品依恋与品牌认知信任正相关程度更高
品牌依恋	支持	H5	品牌依恋在品牌感性体验和品牌情感信任的关系中起中介作用
产品依恋	支持	H6	产品依恋在品牌理性体验和品牌认知信任的关系中起中介作用

资料来源:作者整理。

可以看出,研究三对第三章提出的六个假设进行了具体分析,其中六个大假设通过检验,未通过检验的假设是假设1b和假设2b。之后对未通过检验的假设进行了讨论。

8 结论与展望

8.1 研究结论

8.1.1 研究工作

本书通过研究一、研究二对品牌体验影响品牌信任的机制进行了研究。其中研究一探讨了不同体验类型的品牌分类,研究二开发了品牌信任的维度和量表,研究三在研究一和研究二的基础上就品牌体验和品牌信任的影响机制进行检验。本书的研究结果证实,品牌体验对品牌信任的影响是通过感性和理性两个渠道产生的,其中在情感层面,品牌依恋是其中介变量;在理性层面,产品依恋是其中介变量。

1. 通过梳理相关文献来探讨理论缺口

本书首先对品牌体验、品牌依恋、产品依恋和品牌信任的现有文献进行了系统梳理和分析,重点梳理了品牌体验的定义、维度、影响因素和作用结果;依恋理论,包括依恋理论的起源、品牌依恋的来源,以及品牌依恋的定义、维度、影响因素和作用结果;产品依恋的相关研究;品牌信任的定义、维度、影响因素和作用结果。通过对文献的梳理,本书发现,品牌体验对品牌信任的影响机制是当下的理论研究缺口,从理性和感性两个角度探究品牌体验对品牌信任影响机制的研究较为罕见。基于此,本书在现有文献的基础上提出理论模型,为后续研究打下了坚实的基础。

2. 理论模型的构建

如前所述,通过文献梳理,本书发现目前有关品牌体验对品牌信任的影响机制研究尚不清晰,同时对品牌体验的情感和理性作用机制也缺乏深入的探究。从这一角度出发,本书提出了理论模型。本书认为品牌体验是双维度构念,包含品牌理性体验和品牌感性体验。同时品牌信任也是双维度构念,包括品牌认知信任和品牌情感信任。品牌感性体验会更多影响到品牌的情感信任,品牌理性体验会更多影响到品牌的认知信任。其中情感影响机制的中介变量是品牌依恋,理性影响机制的中介变量是产品依恋。大规模数据调查的结果基本证实了本书研究的理论模型。本书的研究结论对于指导企业实践有着重要的启示。例如,很多消费者看到样板房就有购买的冲动,是因为参观样板房的体验让个体产生了对该样板房的喜爱和依恋之情,这种依恋会让消费者迅速建立信任,从而产生购买意愿。

3. 基于广大消费者进行的问卷调研

为验证本书的研究模型,研究设计主要分为三个子研究来进行。首先是研究一,基于体验类型的消费者品牌分类;其次是研究二,品牌信任的双维度构成及对应量表开发;最后是研究三,品牌体验对品牌信任理性和情感的双重影响路径验证。其中,每个子研究包含两次对消费者的纵向调研,具体如下。

(1) 研究一重点是对品牌进行分类。基于消费者的体验不同把品牌分为两类:理性体验型品牌和感性体验型品牌。研究一首先通过文献搭建初步的品牌池,再通过对消费者的纵向调查进行问卷调研。其中调研一大致获取相关品牌,调研二在调研一的基础上结合专家意见获取最终品牌池。研究一总计回收问卷427份,其中调研一回收问卷219份,调研二回收问卷208份。

(2) 研究二的重点是通过质性研究来对品牌信任的维度和量表进行再开发。研究二首先采用开放性问卷的方式来收集消费者对品牌信任的理解,包括品牌认知信任和品牌情感信任。研究二总共发放问卷100份,回收100份,有效问卷80份。之后,研究小组通过寻找4名博士生对总共679条条目进行背对背编码。借鉴扎根理论的研究方法,通过开放性编码和轴心编码,获取了品牌认知信任和品牌情感信任的构成条目。在对品牌信任进行质性研究之后,研究二针对品牌信任的构成部分进行量表开发,并进行了相关调研。在回收问卷203份并对数据进行探索性因子分析之后,参考专家意见形成品牌信任的最终量表。

(3) 研究三(一)的重点是通过预调研和大规模问卷调研来验证本书提出的模型。首先,研究三设计出问卷调研方案并完成问卷设计。其次,对问卷进行预调研,回收问卷215份,之后对问卷进行信度和效度分析,以检测问卷是否能够满足本书研究需求。在预调研中主要是对问卷数据进行探索性因子分析和计算其格朗巴哈系数来检测问卷的信度和效度。通过预调研可以发现,本次问卷设计合理,信度和效度都满足本次研究需要,所以为大规模问卷调研打下了坚实的基础。

(4) 研究三(二)是针对双样本回收问卷来验证研究假设。研究三(二)是在研究三(一)的基础上进行的,回收感性体验型品牌问卷426份,理性体验型品牌问卷421份,总计847份问卷。研究三(二)首先对这些数据进行质量检验,运用SPSS19.0对其进行描述性统计、验证性因子分析、格朗巴哈系数测试、共同来源偏差检验和多重共线性检验来确认本次研究能够满足回归分析的要求。之后通过回归分析来检验相对应的假设。通过最后假设检验可以看出,本次研究总共10个假设(包含4个子假设),有8个假设通过检验。

8.1.2 研究结论

1. 品牌体验对品牌信任具有正向显著的影响

本书的研究结论证实,品牌体验对品牌信任有显著的正向影响。换言之,品牌体验越好,消费者对品牌的信任度越高。同样,品牌体验对品牌信任是从理性和感性两个方面进行影响。从调研数据可以看出,无论感性体验型品牌还是理性体验型品牌,高质量的品牌体验更易于激发消费者的情感,从而让消费者更多地对品牌产生认知信任和情感信任。

2. 品牌体验的情感理性双元影响机制

本书的研究结果证实,虽然消费者能够区分感性体验型品牌以及理性体验型品牌,但是在针对不同品牌的实际体验中,依然不能明确地区分出自己对品牌体验的哪一部分是情感的,哪一部分是理性的。也就是说,品牌体验是感性和理性交互作用的一个共同体验。这种共同体验对品牌依恋、产品依恋和品牌信任存在双元的影响机制。本书的实证结果没有支持品牌理性体验与产品依恋和认知信任正相关程度更高的假设。说明消费者通过品牌的理性体验对产品依恋以及认知信任的影响不一定比品牌感性体验对两者的影响更强。而在后续验证产品依恋、品牌依恋和品牌信任的影响时候,研究结论证实消费者的品牌依恋与品牌情感信任正相关程度更高,而产品依恋与品牌认知信任的正相关程度更高。通过本次研究可以看出品牌体验的感性和理性共同作用是体验自身所具有的独特特点。

3. 品牌依恋和产品依恋的中介作用

本书的研究结果证实,品牌感性体验会通过品牌依恋对品牌情感信任产生影响,而品牌理性体验会通过产品依恋对品牌认知信任产生影响。具体而言,品牌体验通过品牌依恋、产品依恋对品牌信任产生影响,而感性的品牌体验,则会激起消费者的情感,从而使消费者对品牌产生依恋,进而建立品牌的情感信任。消费者对品牌的情感是通过具象的接触产品,然后产生抽象的体验,并进一步产生情感上的信任。而理性型品牌体验则会使消费者更多聚焦在产品的功能上。也就是说,产品功能越强大,消费者对产品的功能也就越依赖,从而建立认知信任。本书研究证实了品牌体验对品牌信任影响的情感机制和理性机制,具体细化了这两条影响机制。

4. 基于双维度的品牌信任重塑

目前,大多数对于品牌信任的研究都是基于对认知信任的研究。很多学者认为品牌信任是消费者对购买品牌风险的感知,这种感知是基于消费者对品牌的功能性实用性而产生的认知(Ballester,2011)。但在其他社会科学学科中,尤其是在心理学和组织行为学中,相关学者提出,信任不仅包含认知信任,还包含情感信任(Doney,1997)。本书在此基础上通过质性研究对消费者品牌信任的维度进行重塑。研究二认为,品牌信任包含消费者对品牌的认知信任和消费者对品牌的情感信任。消费者的品牌认知信任是基于原有品牌信任的研究进行扩展,而消费者对品牌的情感信任则是借鉴了心理学和组织行为学领域有关情感信任的相关研究,通过质性研究来提出。本书获取了消费者对品牌信任的理解,并在此基础上运用扎根理论来对条目进行编码,对品牌信任的维度进行了扩充。本书研究证实了品牌信任是双维度的,包含品牌认知信任和品牌情感信任。其中,本书认为品牌的认知信任指的是:人们对某一品牌的功能和可靠性有信心,由于觉得产品的功能能够满足自己的需求,从而愿意承担购买风险。品牌的情感信任指的是:人们对某一品牌在感情上具有共鸣,由于喜欢这个品牌,从而愿意承担购买风险。其中通过质性研究也探索出品牌认知信任和品牌情感信任的构成成分。可以发现品牌认知信任由品牌的定位感知、品牌的社会认可、品牌信息和品牌需求构成;而品牌的情感信任由品牌喜爱、品牌情感认可、品牌情结、品牌情感需求构成。本书研究在此基础上也对品牌信任进行了新的量表开发,通过探索性因子分析可以看出,其信度和效度都符合研究要求。

5. 品牌分类的影响

研究一主要是对消费者经常使用的品牌依据体验类型的不同进行分类。通过两次调研对市面上广大消费者经常使用的品牌可以看出,消费者能够大致区分注重情感的品牌和注重功能的品牌。虽然消费者能够区分品牌类型,但是从研究三的调研可以看出,消费者不能够准确并且细致地区分品牌类型。换句话说,消费者不能完全区分自己对品牌的体验究竟是感性体验多一些还是理性体验多一些。而且,通过研究三可以看出,品牌的分类对品牌体验的理性和情感作用机制影响并不是很大。

8.2 研究贡献

8.2.1 理论贡献

本书在之前文献的基础上提出本书的理论模型,理论贡献主要包括如下几点。

(1) 从理论上诠释了品牌体验对品牌信任的影响机制。目前相关领域的学者聚焦于品牌体验对品牌资产（Chen，2011；Xu，2011；Sheng，2012；Juthamard and Tocquer，2012）、品牌形象（Sirapracha and Tocquer，2012；Naehyun，2012；Manhas，2015）、品牌忠诚度（Bennett，2005；Ramaseshan and Stein，2014）、品牌延伸（Swaminathan，2001；Delvecchio，2005；Brocato，2012)等的影响。但是这些研究对品牌体验和品牌信任关系的探究更多关注理性认知因素，忽略了感性认知的作用(Swan，1999；Heffernan and Neill，2008；Xie and Peng，2009；Barczak，2010；Gottman，2011）。本书主要的理论贡献就是立足于品牌体验和品牌信任的影响机制上，从感性和理性两个方面来研究品牌体验对品牌信任的影响机制。可以看出，品牌感性体验通过品牌依恋对品牌情感信任产生影响，品牌理性体验通过产品依恋对品牌认知信任产生影响。

（2）通过感性和理性两条主线进行对比来探讨品牌体验对品牌信任的影响机制。本书通过设计三个子研究来对这一理论进行研究。其中，研究一重点研究基于体验类型的品牌分类；研究二是重新扩充品牌信任；研究三是通过对比假设的提出来验证本书的研究模型。可以看出，本书研究重点揭示了品牌体验通过感性和理性两条不同的路径对消费者品牌信任的影响，其中感性体验构建起消费者的情感信任，理性体验构筑起消费者的认知信任。研究三证实了品牌依恋更多影响消费者的情感信任，而产品依恋更多会影响到消费者的认知信任。这不仅揭示了品牌体验对品牌信任的影响机理，还通过对比来区分何种体验在影响消费者认知信任和情感信任的过程中作用更强，因此拓展了品牌体验的理论研究范畴。

（3）重构品牌信任，并开发出品牌信任的双维度量表。本书在之前对品牌信任研究的基础上，借鉴了其他社会科学领域对信任的研究，对品牌信任的定义和维度进行了扩充。之前对品牌信任研究多是聚焦在品牌认知信任上(Bonifácio，2008；Luk，2008)，对品牌情感信任涉猎较少（Lantieri and Chiagouris，2009；Natalia，2011；Eggers，2013）。而情感信任又是信任的一个重要组成部分（Gulat，1995；Mayer，1995；Doney，1997；Garbarino，1999；Laschinger，2001；Gefen，2003）。因此，本书着眼于这个理论缺口，对品牌信任进行重新探讨。研究二通过质性研究构建起品牌信任的双维度构念,通过参考现有文献定义了品牌认知信任和品牌情感信任,从而使得当下对品牌信任的研究更加充实;并通过对品牌信任定义的扩充,开发出适合品牌信任的双维度量表。本书的品牌信任双维度量表通过本土实证检验,具有较高的信度和效度。

8.2.2 实践贡献

本书的理论模型,具有普遍的现实意义,可以通过几个现实案例看出。比如,"网红店"的诞生就是品牌体验通过影响消费者对品牌的依恋而导致消费者对品牌信任的典型案例。通过打造"网红店"的不一样的体验,让广大消费者将品牌与自身联结起来,产生对品牌的依恋,而这种喜爱进一步带来消费者对品牌的信赖,也就是说对"网红店"产生了品牌信任。森马集团通过打造专业的服装在线电商平台,让消费者获得独特的体验感,之后消费者在购买衣服的时候,就会不自主地与品牌之间建立联结。也就是说,消费者通过森马电商平台的品牌体验打造出依恋。在比对相关信息之后,则会觉察到森马电商平台上的服装产品线非常丰富,品质可靠,从而建立起品牌信任。再如,江西婺源"从旅游经过地到旅游目的地"的转变,也能体现出这个理论模型的实践价值。江西婺源拥有得天独厚的自然风光(比如梯田油菜花等)和独特的人文景观(比如徽派建筑等),给旅游者(消费者)带来"世外桃源"般的体验,使旅游者(消费者)产生心灵上的"皈依",建立起依恋。消费者对婺源的喜爱,给消费者带来较强的满足感,使得他们自身对婺源(品牌)更加有信心,认为这个品牌是值得依赖的。这就使婺源变成了旅游的"目的地",即旅游者(消费者)对其建立起了信任。通过之前的文献梳理和相关案例归纳,本书总结出以下几点实践贡献。

(1) 本书让企业更多注重体验营销。如何打造专属自己品牌的独特体验已经逐步成为企业关注的话题。在互联网信息逐步透明的大背景下,如何通过体验来从情感上和认知上打动消费者,成为企业吸引消费者的重要举措。本书揭示了体验对信任的双重作用,对企业开展市场营销活动带来一定的启示。企业要打造适合自身,同时也要让消费者满意的"品牌体验",从而去赢得消费者对品牌情感和认知上的信任。高质量、别具一格的品牌体验必然能够吸引消费者，同时这种让消费者在情感和认知上都产生信任的体验也能更好地吸引消费者去进行购买，为企业创造利润。

（2）企业需要注重品牌对消费者情感的唤醒。本书研究的理论模型不仅揭示了品牌体验如何影响到品牌信任，也可以看出品牌体验更多在情感方面影响到消费者的情感认知。从本书研究结论出发，企业不仅要给消费者提供自身品牌或者是产品和服务的最佳体验，还要和消费者进行双向的情感互动。这种互动也会让消费者在情感上对品牌或者是产品和服务产生"依恋"，从而赢得消费者的信任。而消费者的情感是稳定而持久的（Totterdell，2003；Grandey，2004；Söderlund，2007；Wang，2015），这种稳定而持久的情感一旦建立，会极大程度地提高企业品牌/产品对消费者的黏度，使之不容易轻易放弃该企业的品牌/产品的使用，进而可能让消费者重复消费。通过这种途径，可以更好地提高企业当下的利润。

（3）企业要积极赢得消费者的信任。研究二证实，消费者对品牌的信任包含认知信任和情感信任。基于此，企业要积极赢得消费者的信任，需要从两个方面入手。首先，在认知方面，企业要通过打造能够满足消费者需求的产品来赢得消费者的认知信任。这些产品要有足够强大的功能，并且实用性较强，才能使消费者对其产生功能上的依赖，进而赢得消费者的认知信任。其次，在情感方面，要努力和消费者建立情感联结。一家企业的品牌不仅依托于自身优秀的产品，更要依托自身的品牌给消费者带来情感上的共鸣，从而让消费者在情感上对品牌产生依恋，赢得消费者的情感信任。当企业同时赢得消费者的认知信任和情感信任时，才真正地赢得了消费者对品牌的信任。

8.3 研究局限性和未来研究展望

8.3.1 研究局限性

本书通过文献梳理、理论模型构建以及三个子研究来探讨品牌体验如何影响品牌信任。虽然很大程度上通过研究设计已经使本书研究规范化,但是相关无法控制的因素依然会导致一定的研究局限性。本书在此分享研究存在的局限性,以期指导未来学者进行更深层次的研究,做出更多的理论贡献。

(1) 品牌体验双维度之间存在的边界关系并没做过多涉猎。研究一和研究三对品牌感性体验和品牌理性体验进行了相关研究设计,虽然研究一采用封闭性问卷对品牌进行类别划分,但是受限于文章篇幅,本书并没有更细致地探讨消费者对品牌感性体验和理性体验关系的理解,也没有对品牌理性体验和品牌感性体验的边界进行探讨。未来学者可以进一步探究消费者对品牌感性体验和理性体验之间关系的理解,进一步细化品牌体验的相关研究。

(2) 品牌信任量表开发过程的局限性。在研究二中,本书通过开放性问卷对 100 位消费者进行问卷调研,通过筛选之后得到 80 份有效问卷,并基于此开发了品牌信任的量表。然而,相比起以往的量表开发相关研究来看,本书对品牌信任量表开发采用的数据来源相对较为单一,未来学者可以尝试采用多种数据采集方式,比如访谈、焦点小组讨论、观察等,来验证本书所构建的品牌信任量表的信度。

(3) 数据收集的局限性。第一,本书研究方法单一产生的局限性。研究一、研究二和研究三都采用问卷调查方法,这种单一收集数据的方法可能会在一定程度上影响数据本身的信度和效度(Patton, 2002; Virginia and Clarke, 2006)。虽然本书已经通过严谨的研究设计尽可能地避免这些问题,但问卷调查方法固有的缺点仍然存在。第二,样本本身存在局限性。本书研究通过在线问卷调研平台进行委托发放收取问卷,虽然研究小组对问卷的质量进行控制,但是可以看出,本次样本更多聚焦于购买力较强的青年群体,分布并不十分均匀。比如,没有收集到 60 岁以上的老人,对 41—60 岁之间的中年人的数据的收集也有所欠缺。虽然样本聚焦当下购买力最高的群体上,但是对中老年消费者的数据收集的不完善会导致本书的研究结果在普适性上可能并不能适用于全体消费者。第三,没有将文化作为控制变量。本书并没有进行跨文化的研究,所研究的消费者现象都是符合中国情境。所以,本书研究所提出的理论模型的普适性在其他国家有待进一步探讨。

最后,本书研究的弱点之一是在假设检验过程中,所有的数据都由一份问卷取得,这使我们难以避免共同方法变异(common method variance)对研究结果的影响。虽然 Hair 等人(1998)要求采用 Harman 单因子检验法进行共同方法偏差检验的时候,首因子对总方差的解释不能超过50%,本书研究三中的数据也已满足要求,但是未来学者还是可以考虑对同一个消费者进行持续性的追踪数据收集,来降低可能存在的同源偏差问题。

8.3.2 未来研究展望

基于以上的局限性,本书对未来可能的研究方向进行展望。

(1) 对品牌体验的感性和理性关系的研究。通过本书研究可以看出,品牌体验具有感性体验和理性体验双重维度。但是由于研究三并未证实理性体验更多影响产品依恋和品牌认知信任。所以品牌体验中感性体验和理性体验究竟哪个部分带给消费者的感受多,可能是未来对于品牌体验的研究方向。

(2) 对感性和理性影响机制的细化研究。本书对于感性和理性影响机制的研究还是过为粗犷,划分较为笼统。所以未来学者可以基于本书研究,对消费者行为学中消费者的感性行为和消费者的理性行为做出更为深刻和细致的挖掘。通过更为深刻和细致的挖掘,才能更为全面的揭示消费者的感性和理性行为运作模式,从而使得企业能够更好地了解消费者,并能生产出满足消费者的产品。

(3) 对品牌情感的研究。本书揭示了品牌体验通过感性和理性能够更多地影响品牌依恋和产品依恋,从而可以看出消费者在一开始接触品牌的时候就会对品牌产生情感。所以如何维持并彻底激发出消费者的情感应该是未来的研究话题之一。也就是说,品牌情感的具体运行机制,包括影响品牌情感的因素,品牌情感会如何影响其他因素等,这些关于品牌情感的研究会在未来变得日益重要。因为在信息透明、产品功能趋近的时代,消费者对品牌的情感决定了其是否会够买乃至重复购买该品牌的产品或服务。所以未来的研究需要进一步完整地揭示消费者购买行为的品牌情感运行机制。

参 考 文 献

[1] Chattopadhyay A, Laborie J. Managing Brand Experience: The Market Contact Audit™[J]. Journal of Advertising Research, 2005, 45(1): 9-16.

[2] Abroms L C, Padmanabhan N, Thaweethai L, et al. iPhone Apps for Smoking Cessation: A Content Analysis[J]. American Journal of Preventive Medicine, 2011, 40(3): 279-285.

[3] Ainsworth M D S, Blehar M C, Waters E, et al. Patterns of Attachment: A Psychological Study of the Strange Situation[M]. Lawrence Erlbaum Associates, 1979.

[4] Arnould E J, Price L L. River Magic: Extraordinary Experience and the Extended Service Encounter[J]. Journal of Consumer Research, 1993, 20(1): 24-45.

[5] Ball A D, Tasaki L H. The Role and Measurement of Attachment in Consumer Behavior[J]. Journal of Consumer Psychology, 1992, 1(2): 155-172.

[6] Barcham L J, Stephens S D G. The Use of An Open-Ended Problems Questionnaire in Auditory Rehabilitation[J]. British Journal of Audiology, 1980, 14(2): 49-54.

[7] Barczak G, Lassk F, Mulki J. Antecedents of Team Creativity: An Examination of Team Emotional Intelligence, Team Trust and

Collaborative Culture[J]. Creativity & Innovation Management, 2010, 19(4): 332-345.

[8] Bardovi-Harlig, Kathleen H, Beverly S. Refining the DCT: Comparing Open Questionnaires and Dialogue Completion Tasks, In: Pragmatics and Language Learning, Volume 4. Selected papers presented at the Annual Meeting of the International Conference on Pragmatics and Language Learning (6th, Urbana, IL, April 2-4, 1993).

[9] Barney G. Glaser, Anselm L. Strauss. The Discovery of Substantive Theory: A Basic Strategy Underlying Qualitative Research[J]. American Behavioral Scientist, 1965, 8(6): 5-12.

[10] Baron R M, Kenny D A. The Moderator-mediator Variable Distinction in Social Psychological Research: Conceptual, Strategic, and Statistical Considerations[J]. Journal of Personality and Social Psychology, 1986, 51(6): 1173-1182.

[11] Bennett R, Härtel C E J, Mccoll-Kennedy J R. Experience as a Moderator of Involvement and Satisfaction on Brand Loyalty in a Business-to-business Setting 02-314R[J]. Industrial Marketing Management, 2005, 34(1): 97-107.

[12] Bonifácio P, Bourgeois S, Labrune C, et al. Risk Aversion and Brand Loyalty: The Mediating Role of Brand Trust and Brand Affect[J]. Journal of Product & Brand Management, 2008, 17(3): 154-162.

[13] Bowlby J. Attachment and Loss: Retrospect and Prospect.[J]. American Journal of Orthopsychiatry, 1982, 52(4): 664-678.

[14] J. Joško Brakus, Schmitt B H, Zarantonello L. Brand Experience: What Is It? How Is It Measured? Does It Affect Loyalty?[J]. Journal of Marketing, 2009, 73(3): 52-68.

[15] Brocato E D, Voorhees C M, Baker J. Understanding the Influence of

Cues from Other Customers in the Service Experience: A Scale Development and Validation[J]. Journal of Retailing, 2012, 88(3): 384-398.

[16] Burden J, Roodt G. Grounded theory and Its Application in a Recent Study on Organisational Redesign: Some Reflections and Guidelines [J]. South African Journal of Human Resource Management, 2007, 5(3): 73-75.

[17] Carroll B A, Ahuvia A C. Some Antecedents and Outcomes of Brand Love[J]. Marketing Letters, 2006, 17(2): 79-89.

[18] Carstensen L L, Pasupathi M, Mayr U, et al. Emotional Experience in Everyday Life Across the Adult Life Span. [J]. Journal of Personality & Social Psychology, 2000, 79(4): 644-655.

[19] Chaudhuri A, Holbrook M B. Product-class Effects on Brand Commitment and Brand Outcomes: The Role of Brand Trust and Brand Affect[J]. Journal of Brand Management, 2002, 10(1): 33-58.

[20] Chaudhuri A, Holbrook M B. The Chain of Effects from Brand Trust and Brand Affect to Brand Perfor.[J]. Journal of Marketing, 2001, 65(2): 81-93.

[21] Chen S L, Wu Y J, Chen W C. Relationship between Country of Origin, Brand Experience and Brand Equity: The Moderating Effect of Automobile Country[C] Technology Management Conference. IEEE, 2011: 638-642.

[22] Chen X P, Eberly M B, Chiang T J, et al. Affective Trust in Chinese Leaders: Linking Paternalistic Leadership to Employee Performance [J]. Journal of Management, 2014, 40(3): 796-819.

[23] Chiou J S, Droge C, Hanvanich S. Does Customer Knowledge Affect How Loyalty is Formed? [J]. Journal of Service Research, 2002, 5(2): 113-124.

[24] Chua R Y J, Ingram P, Morris M W. From the Head and the Heart: Locating Cognition — and Affect-Based Trust in Managers' Professional Networks[J]. Academy of Management Journal, 2008, 51(3): 436-452.

[25] Clark, Lee Anna, Watson, David. Constructing Validity: Basic Issues in Objective Scale Development[J]. Psychological Assessment, 1995, 7(3): 309-319.

[26] Clarke A. Situational Analysis: Grounded Theory after the Postmodern Turn [J]. International Journal of Social Research Methodology, 2005, 12(4): 378-381.

[27] Collins N L, Read S J. Adult Attachment, Working Models, and Relationship Quality in Dating Couples[J]. Journal of Personality & Social Psychology, 1990, 58(4): 644-663.

[28] Corbin J M, Strauss A L. Basics of Qualitative Research: Techniques and Procedures for Developing Grounded Theory [M]. Sage Publications, 1998.

[29] Corbin J M, Strauss A. Grounded Theory Research: Procedures, Canons, and Evaluative Criteria[J]. Qualitative Sociology, 1990, 13(1): 3-21.

[30] Craney T A, Surles J G. Model-Dependent Variance Inflation Factor Cutoff Values[J]. Quality Engineering, 2002, 14(3): 391-403.

[31] Dala-Ali B M, Lloyd M A, Al-Abed Y. The Use of the iPhone for Surgeons[J]. Surgeon Journal of the Royal Colleges of Surgeons of Edinburgh & Ireland, 2011, 9(1): 44-48.

[32] Delgado-Ballester E, Munuera-Alemán J L. Brand Trust in the Context of Consumer Loyalty[J]. European Journal of Marketing, 2001, 35(11/12): 1238-1258.

[33] Delgado-Ballester E, Munuera-Alemán J L. Does Brand Trust Matter

to Brand Equity? [J]. Journal of Product & Brand Management, 2005, 14(3): 187-196.

[34] Delgado-Ballester E. Development and Validation of a Brand Trust Scale[J]. International Journal of Market Research, 2003, 45(1): 335-353.

[35] Delvecchio D, Smith D C. Brand-extension Price Premiums: The Effects of Perceived Fit and Extension Product Category Risk[J]. Journal of the Academy of Marketing Science, 2005, 33(2): 184-196.

[36] Denzin N K, Lincoln Y S. Handbook of Qualitative Research[J]. Bms Bulletin of Sociological Methodology, 1994. 16(44): 113-114.

[37] Denzin N K, Lincoln Y S. Grounded Theory: Objectivist and Constructivist Methods[M]. Handbook of Qualitative Research (2nd ed.). Thousand Oaks, CA: Sage, 2000.

[38] Denzin N K, Lincoln Y S. The Landscape of Qualitative Research [M]. Sage Publications, 1998.

[39] DeVellis, Robert F. Scale Development: Theory and Application[M]. Sage publications, 2003.

[40] Doney P M, Cannon J P. An Examination of the Nature of trust in Buyer-seller Relationships[J]. Journal of Marketing, 1997, 61(2): 35-51.

[41] Dowling G R, Uncles M. Do Customer Loyalty Programs Really Work? [J]. Sloan Management Review, 1997, 38(4): 71-82.

[42] Du J, Zhao G, Liu J. Common Method Biases in Measures[J]. Psychological Science, 2005, 28(2): 420-422.

[43] Earl Babble,李银河. 走向未来丛书: 社会研究方法[M]. 成都: 四川人民出版社,1987.

[44] Eggers F, O'Dwyer M, Kraus S, et al. The Impact of Brand Authenticity on Brand Trust and SME Growth: A CEO Perspective

[J]. Journal of World Business, 2013, 48(3): 340-348.

[45] Evren C, Cinar O, Evren B, et al. Self-mutilative Behaviors in Male Substance-dependent Inpatients and Relationship with Anger and Aggression: Mediator Effect of Childhood Trauma[J]. Comprehensive Psychiatry, 2012, 53(3): 252-258.

[46] Fedorikhin A, Park C W, Thomson M. Beyond Fit and Attitude: The Effect of Emotional Attachment on Consumer Responses to Brand Extensions[J]. Journal of Consumer Psychology, 2008, 18(4): 281-291.

[47] Fisk R P, Brown S W, Bitner M J. Tracking the Evolution of the Services Marketing Literature[J]. Journal of Retailing, 1993, 69(1): 61-103.

[48] Foddy, W. The Open vs. Closed Questions Debate. In Constructing Questions for Interviews and Questionnaires: Theory and Practice in Social Research[M]. Cambridge University Press, 1993.

[49] Fournier S. Consumers and Their Brands: Developing Relationship Theory in Consumer Research[J]. Journal of Consumer Research, 1998, 24(4): 343-353.

[50] Fowler F J. Survey Research Method[M]. Wadsworth Pub. Co, 2009.

[51] Francisco-Maffezzolli E C, Semprebon E, Prado P H M. Construing Loyalty Through Brand Experience: The Mediating Role of Brand Relationship Quality[J]. Journal of Brand Management, 2014, 21(5): 446-458.

[52] Füller J, Matzler K. Virtual Product Experience and Customer Participation — A Chance for Customer-centred, Really New Products [J]. Technovation, 2007, 27(6-7): 378-387.

[53] Garbarino E, Johnson M S. The Different Roles of Satisfaction, Trust, and Commitment in Customer Relationships[J]. Journal of

Marketing, 1999, 63(2): 70-87.

[54] Garcā-A C B, Garcā-A J, Martā-N M M L, et al. Collinearity: Revisiting the Variance Inflation Factor in Ridge Regression[J]. Journal of Applied Statistics, 2015, 42(3): 648-661.

[55] Gefen D, Karahanna E, Straub D W. Trust and TAM in Online Shopping: An Integrated Model[J]. MIS Quarterly, 2003, 27(1): 51-90.

[56] Gefen D. Customer Loyalty in e-Commerce[J]. Journal of the Association for Information Systems, 2002, 3(1): 27-51.

[57] Gilmore J H. Welcome to the Experience Economy[J]. Harvard Business Review, 1998, 76(4): 97-105.

[58] Gottman J M. The Science of Trust: Emotional Attunement for Couples[M]. W. W. Norton, 2011.

[59] Grandey A A. The Customer Is Not Always Right: Customer Aggression and Emotion Regulation of Service Employees[J]. Journal of Organizational Behavior, 2004, 25(3): 397-418.

[60] Grewal D, Levy M, Kumar V. Customer Experience Management in Retailing: An Organizing Framework[J]. Journal of Retailing, 2009, 85(1): 1-14.

[61] Griffith L E, Cook D J, Guyatt GH, et al. Comparison of Open and Closed Questionnaire Formats in Obtaining Demographic Information from Canadian General Internists[J]. Journal of Clinical Epidemiology, 1999, 52(10): 997-1005.

[62] Grisaffe D B, Nguyen H P. Antecedents of Emotional Attachment to Brands[J]. Journal of Business Research, 2011, 64(10): 1052-1059.

[63] Grönroos C. A Service Quality Model and its Marketing Implications[J]. European Journal of Marketing, 1984, 18(4): 36-44.

[64] Gulati R. Does Familiarity Breed Trust? The Implications of Repeated

Ties for Contractual Choice in Alliances[J]. Academy of Management Journal, 1995, 38(1): 85-112.

[65] Ha H, Perks H. Effects of Consumer Perceptions of Brand Experience on the Web: Brand Familiarity, Satisfaction and Brand Trust[J]. Journal of Consumer Behaviour, 2010, 4(6): 438-452.

[66] Hair J F, Black W C, Babin B J, et al. Multivariate Data Analysis: A Global Perspective (7th ed.)[M]. Pearson Education International, 2010.

[67] Hamilton R W, Thompson D V. Is There a Substitute for Direct Experience? Comparing Consumers' Preferences after Direct and Indirect Product Experiences[J]. Journal of Consumer Research, 2007, 34(4): 546-555.

[68] Hazan C, Shaver P. Romantic Love Conceptualized as an Attachment Process[J]. Journal of Personality & Social Psychology, 1987, 52(3): 511.

[69] Heffernan T, O'Neill G, Travaglione T, et al. Relationship Marketing: The Impact of Emotional Intelligence and Trust on Bank Performance[J]. International Journal of Bank Marketing, 2008, 26(3): 183-199.

[70] Hewett K, Bearden W O. Dependence, Trust, and Relational Behavior on the Part of Foreign Subsidiary Marketing Operations: Implications for Managing Global Marketing Operations[J]. Journal of Marketing, 2001, 65(4): 51-66.

[71] Hinkin T R. A Brief Tutorial on the Development of Measures for Use in Survey Questionnaires[J]. Organizational Research Methods, 1998, 1(1): 104-121.

[72] Holbrook M B, Hirschman E C. The Experiential Aspects of Consumption: Consumer Fantasies, Feelings, and Fun[J]. Journal of

Consumer Research, 1982, 9(2): 132-140.

[73] Homburg C, Koschate N, Hoyer W D. The Role of Cognition and Affect in the Formation of Customer Satisfaction: A Dynamic Perspective[J]. Journal of Marketing, 2006, 70(3): 21-31.

[74] Hong-Youl Ha, Helen Perks. Effects of Consumer Perceptions of Brand Experience on the Web: Brand Familiarity, Satisfaction and Brand Trust[J]. Journal of Consumer Behaviour, 2005, 4(6): 438-452.

[75] Loureiro, S. M. C., Ruediger, K. H., & Demetris, V. Brand Emotional Connection and Loyalty[J]. Journal of Brand Management, 2012, 20(1): 13-27.

[76] Iglesias O, Singh J J, Batista-Foguet J M. The Role of Brand Experience and Affective Commitment in Determining Brand Loyalty [J]. Journal of Brand Management, 2011, 18(8): 570-582.

[77] Bernstein I H, Nunnally J C. Psychometric Theory[M]. McGraw-Hill, 1994.

[78] Jahn S, Gaus H, Kiessling T. Trust, Commitment, and Older Women: Exploring Brand Attachment Differences in the Elderly Segment[J]. Psychology & Marketing, 2012, 29(6): 445-457.

[79] Johnson D, Grayson K. Cognitive and Affective Trust in Service Relationships[J]. Journal of Business Research, 2005, 58(4): 500-507.

[80] Jung H, Lee, Soo M. The Effect of Brand Experience on Brand Relationship Quality[J]. Academy of Marketing Studies Journal, 2012, 16(1): 87-98.

[81] Juthamard S, Tocquer G. Customer Experience and Service Brand Equity[Z]. Working Paper, 2012: 1-23.

[82] Kaiser H F. A Computational Starting Point for Rao's Canonical

Factor Analysis: Implications for Computerized Procedures. [J]. Educational & Psychological Measurement, 1974, 34(3): 691-692.

[83] Keller K L, Verhoef P C. Understanding Customer Experience Throughout the Customer Journey[J]. Journal of Marketing, 2016, 80(6): 69-96.

[84] Khalid, A-Qader, Azizah, et al. The Influence of Affective Brand Experience Dimension on Brand Equity of the Smartphone Millennial Users in Malaysia[J]. Management Studies, 2017(1): 25-37.

[85] Kim M K, Park M C, Jeong D H. The Effects of Customer Satisfaction and Switching Barrier on Customer Loyalty in Korean Mobile Telecommunication Services[J]. Telecommunications Policy, 2004, 28(2): 145-159.

[86] Kim S E, Chung M S. The Effect of Emotional Experience with Korea's Low-Price Cosmetic Brands on Brand Relationship[J]. The Research Journal of the Costome Culture, 2011, 19(3): 381-382.

[87] Kirk J, Miller M L. Reliability and Validity in Qualitative Research [M]. Sage Publications, 1986.

[88] Kline D. Calcium-dependent Events at Fertilization of the Frog Egg: Injection of a Calcium Buffer Blocks ion Channel Opening, Exocytosis, and Formation of Pronuclei[J]. Developmental Biology, 1988, 126(2): 346-361.

[89] Korsgaard M A, Schweiger D M, Sapienza H J. Building Commitment, Attachment, and Trust in Strategic Decision-Making Teams: The Role of Procedural Justice[J]. Academy of Management Journal, 1995, 38(1): 60-84.

[90] Lantieri T, Chiagouris L. Brand Trust in an Age without Trust: Expert Opinions[J]. Journal of Consumer Marketing, 2009, 26(2): 78-86.

[91] Laroche M, Habibi M R, Richard M O, et al. The Effects of Social Media Based Brand Communities on Brand Community Markers, Value Creation Practices, Brand Trust and Brand Loyalty[J]. Computers in Human Behavior, 2012, 28(5): 1755-1767.

[92] Laschinger H K, Finegan J, Shamian J. The Impact of Workplace Empowerment, Organizational Trust on Staff Nurses' Work Satisfaction and Organizational Commitment[J]. Health Care Management Review, 2002, 26(3): 59-85.

[93] Lau G T, Lee S H. Consumers' Trust in a Brand and the Link to Brand Loyalty[J]. Journal of Market-Focused Management, 1999, 4(4): 341-370.

[94] Lea Dunn, JoAndrea Hoegg. The Impact of Fear on Emotional Brand Attachment[J]. Journal of Consumer Research, 2014, 41(1): 152-168.

[95] Lee J. Cronbach. Coefficient alpha and the Internal Structure of Tests[J]. Psychometrika, 1951, 16(3): 297-334.

[96] Li Y, Schneider J A, Bennett D A. Estimation of the Mediation Effect with a Binary Mediator[J]. Statistics in Medicine, 2007, 26(18): 3398-3414.

[97] L P Rice, D Ezzy. Qualitative Research Methods: A Health Focus[J]. Research, 1999, 30(3-4): 394-406.

[98] Luk S T K, Yip L S. The Moderator Effect of Monetary Sales Promotion on the Relationship between Brand Trust and Purchase Behaviour[J]. Journal of Brand Management, 2008, 15(6): 452-464.

[99] Main M. Metacognitive Knowledge, Metacognitive Monitoring, and Singular (coherent) vs. Multiple (incoherent) Model of Attachment: Findings and Directions for Future Research[J]. Attachment Across the Life Cycle, 1991: 127-159.

[100] Malär L, Krohmer H, Hoyer W D, et al. Emotional Brand Attachment and Brand Personality: The Relative Importa[J]. Journal of Marketing, 2011, 75(4): 35-52.

[101] Manhas P S, Tukamushaba E K. Understanding Service Experience and its Impact on Brand Image in Hospitality Sector[J]. International Journal of Hospitality Management, 2015(45): 77-87.

[102] Mano H, Oliver R L. Assessing the Dimensionality and Structure of the Consumption Experience: Evaluation, Feeling, and Satisfaction [J]. Journal of Consumer Research, 1993, 20(3): 451-466.

[103] Mascarenhas O A, Kesavan R, Bernacchi M. Lasting Customer Loyalty: A Total Customer Experience Approach[J]. Journal of Consumer Marketing, 2006, 23(7): 397-405.

[104] Mayer R C, Davis J H, Schoorman F D. An Integrative Model of Organizational Trust[J]. Academy of Management Review, 1995, 20(3): 709-734.

[105] Mcalexander J H, Schouten J W, Koenig H F. Building Brand Community[J]. Journal of Marketing, 2002, 66(1): 38-54.

[106] Mcallister D J. Affect — and Cognition-Based Trust as Foundations for Interpersonal Cooperation in Organizations [J]. Academy of Management Journal, 1995, 38(1): 24-59.

[107] Mehta R, Belk R W. Artifacts, Identity, and Transition: Favorite Possessions of Indians and Indian Immigrants to the United States [J]. Journal of Consumer Research, 1991, 17(4): 398-411.

[108] Meyer C, Schwager A. Understanding Customer Experience[J]. Harvard Business Review, 2007, 85(2): 116-127.

[109] Mikulincer M. Attachment Working Models and the Sense of Trust: An Exploration of Interaction Goals and Affect Regulation [J]. Journal of Personality & Social Psychology, 1998, 74 (74):

1209-1224.

[110] Mithas S, Krishnan M S, Fornell C. Why Do Customer Relationship Management Applications Affect Customer Satisfaction? [J]. Journal of Marketing, 2005, 69(4): 201-209.

[111] Morgan R. M., Hunt S. D. The Commitment-trust Theory of Relationship Marketing[J]. Journal of Marketing, 1994, 58(3): 20-38.

[112] Moorman, Christine, Zaltman, et al. Relationships Between Providers and Users of Market Research: The Dynamics of Trust Within and Between Organizations [J]. Journal of Marketing Research, 1992, 29(29): 314-328.

[113] Morgan R. M., Hunt S. D. The Commitment-Trust Theory of Relationship Marketing[J]. Journal of Marketing, 1994, 58(3): 20-38.

[114] Morgan-Thomas A, Veloutsou C. Beyond Technology Acceptance: Brand Relationships and Online Brand Experience[J]. Journal of Business Research, 2013, 66(1): 21-27.

[115] Morrison S, Crane F G. Building the Service Brand by Creating and Managing an Emotional Brand Experience[J]. Journal of Brand Management, 2007, 14(5): 410-421.

[116] Morrison S, Crane F G. Building the Service Brand by Creating and Managing an Emotional Brand Experience[J]. Journal of Brand Management, 2007, 14(5): 410-421.

[117] Morse, Janice M., et al. Verification Strategies for Establishing Reliability and Validity in Qualitative Research[J]. International Journal of Qualitative Methods, 2008, 1(2): 13-22.

[118] Mosley R W. Customer Experience, Organisational Culture and the Employer Brand[J]. Journal of Brand Management, 2007, 15(2): 123-134.

[119] Mugge R, Schifferstein H N J, Schoormans J P L. Product Attachment and Satisfaction: Understanding Consumers' Post-purchase Behavior[J]. Journal of Consumer Marketing, 2010, 27(3): 271-282.

[120] Mugge R, Schoormans J P L, Schifferstein H N J. Product Attachment[M]. Product Experience, 2008.

[121] Muniz A M, O'Guinn T C. Brand Community[J]. Journal of Consumer Research, 2001, 27(4): 412-432.

[122] Naehyun (Paul) Jin, Sangmook Lee, Lynn Huffman. Impact of Restaurant Experience on Brand Image and Customer Loyalty: Moderating Role of Dining Motivation[J]. Journal of Travel & Tourism Marketing, 2012, 29(6): 532-551.

[123] Natalia Yannopoulou, Epaminondas Koronis, Richard Elliott. Media Amplification of a Brand Crisis and its Affect on Brand Trust[J]. Journal of Marketing Management, 2011, 27(5-6): 530-546.

[124] Neuendorf, Kimberly A. The Content Analysis Guidebook[M]. Sage Publication, 2002.

[125] Ng K Y, Chua R Y J. Do I Contribute More When I Trust More? Differential Effects of Cognition — and Affect-Based Trust[J]. Management and Organization Review, 2006, 2(1): 43-66.

[126] Novak T P, Hoffman D L, Yung Y F. Measuring the Customer Experience in Online Environments: A Structural Modeling Approach[J]. Marketing Science, 2000, 19(1): 22-42.

[127] Nunnally J C. Psychometric Theory[J]. American Educational Research Journal, 1994, 5(3): 678-685.

[128] Ong C H, Md. Salleh S, Yussof R Z. Bridging the Gap between Brand Experience and Customer Loyalty: The Mediating Role of Emotional-Based Trust[J]. Social Science Electronic Publishing,

2015, 1(2): 58-70.

[129] Orth U R, Limon Y, Rose G. Store-evoked Affect, Personalities, and Consumer Emotional Attachments to Brands[J]. Journal of Business Research, 2010, 63(11): 1202-1208.

[130] Page T. Product Attachment and Replacement: Implications for Sustainable Design[J]. International Journal of Sustainable Design, 2014, 2(3): 265-282.

[131] Park C W, Macinnis D J, Priester J, et al. Brand Attachment and Brand Attitude Strength: Conceptual and Empirical Differentiation of Two Critical Brand Equity Drivers[J]. Journal of Marketing, 2010, 74(6): 1-17.

[132] Park C W, Macinnis D J, Priester J. Brand Attachment: Construct, Consequences and Causes[J]. Foundations & Trends® in Marketing, 2008, 1(3): 191-230.

[133] Patton M Q. Qualitative Research and Evaluation Methods[M]. Sage Publications, 2002.

[134] Podsakoff P M, Mackenzie S B, Lee J Y, et al. Common Method Biases in Behavioral Research: A Critical Review of the Literature and Recommended remedies[J]. Journal of Applied Psychology, 2003, 88(5): 879-903.

[135] Rajgopal S, Venkatachalam M, Kotha S. Does Online Customer Experience Affect the Performance of E-commerce Firms? [R]. Working Paper, 2000.

[136] Ramaseshan B, Stein A. Connecting the Dots between Brand Experience and Brand Loyalty: The Mediating Role of Brand Personality and Brand Relationships[J]. Journal of Brand Management, 2014, 21(7-8): 664-683.

[137] Reast J D. Brand Trust and Brand Extension Acceptance: The

Relationship[J]. Journal of Product & Brand Management, 2005, 14(1): 4-13.

[138] Reja U, Manfreda K L, Hlebec V, et al. Open-ended vs. Close-ended Questions in Web Questionnaires[J]. Developments in Applied Statistics, 2003(19): 159-177.

[139] Rozeboom W W. Mediation Variables in Scientific Theory[J]. Psychological Review, 1956, 63(4): 249-264.

[140] Rytel T. Emotional Marketing Concept: The New Marketing Shift in the Postmodern Era[J]. Business Theory & Practice, 2010, 11(1): 30-38.

[141] Schau H J, Muñiz A M, Arnould E J. How Brand Community Practices Create Value[J]. Journal of Marketing, 2009, 73(5): 30-51.

[142] Schaubroeck J, Lam S S K, Peng A C. Cognition-based and Affect-based Trust as Mediators of Leader Behavior Influences on Team Performance[J]. Journal of Applied Psychology, 2011, 96(4): 863.

[143] Schifferstein H N J, Zwartkruis-Pelgrim E P H. Consumer-Product Attachment: Measurement and Design Implications[J]. International Journal of Design, 2008, 2(3): 1-13.

[144] Schmitt B. Superficial out of Profundity: The Branding of Customer Experiences[J]. Journal of Brand Management, 1997, 5(2): 92-98.

[145] Schmitt B. The Concept of Brand Experience[J]. Journal of Brand Management, 2009, 16(7): 417-419.

[146] Schouten J W, Mcalexander J H. Subcultures of Consumption: An Ethnography of the New Bikers[J]. Journal of Consumer Research, 1995, 22(1): 43-61.

[147] Schultz S E, Kleine R E, Kernan J B. These Are a Few of My Favorite Things: Toward an Explication of Attachment as a

Consumer Behavior Construct[J]. Advances in Consumer Research, 1989, 16(1): 359-366.

[148] Sheng M L, Teo T S H. Product Attributes and Brand Equity in the Mobile Domain: The Mediating Role of Customer Experience[J]. International Journal of Information Management, 2012, 32(2): 139-146.

[149] Sheth J N, Parvatiyar A. Relationship Marketing in Consumer Markets: Antecedents and Consequences[J]. Journal of the Academy of Marketing Science, 1995, 23(4): 255-271.

[150] Sichtmann C. An Analysis of Antecedents and Consequences of Trust in a Corporate Brand[J]. European Journal of Marketing, 2007, 41(9/10): 999-1015.

[151] Sirapracha J, Tocquer G. Customer Experience, Brand Image and Customer Loyalty in Telecommunication Services[J]. International Proceedings of Economics Development & Research, 2012, 29: 112.

[152] Slater S F. Developing a Customer Value-based Theory of the Firm [J]. Journal of the Academy of Marketing Science, 1997, 25(2): 162-167.

[153] Smith J B, Barclay D W. The Effects of Organizational Differences and Trust on the Effectiveness of Selling Partner Relationships[J]. Journal of Marketing, 1997, 61(1): 3-21.

[154] Söderlund M, Rosengren S. Receiving Word-of-mouth from the Service Customer: An Emotion-based Effectiveness Assessment[J]. Journal of Retailing & Consumer Services, 2007, 14(2): 123-136.

[155] Srinivasan S S, Anderson R, Ponnavolu K. Customer Loyalty in E-commerce: An Exploration of its Antecedents and Consequences[J]. Journal of Retailing, 2002, 78(1): 41-50.

[156] Staton M, Paharia N, Oveis C. Emotional Marketing: How Pride

and Compassion Impact Preferences for Underdog and Top dog brands[J]. Advances in Consumer Research, 2012(40): 1045-1046.

[157] Strauss A L. Qualitative Analysis for Social Scientists [M]. Cambridge University Press, 1987.

[158] Strauss A L., Corbin J. Techniques and Procedures for Developing Grounded Theory[J]. Handbook of Cell & Organ Culture Burgess Publishing Co, 2008, 63(2): 201-243.

[159] Sung Y, Kim J. Effects of Brand Personality on Brand Trust and Brand Affect[J]. Psychology & Marketing, 2010, 27(7): 639-661.

[160] Swaminathan V, Fox R J, Reddy S K. The Impact of Brand Extension Introduction on Choice[J]. Journal of Marketing, 2001, 65(4): 1-15.

[161] Swan J E, Bowers M R, Richardson L D. Customer Trust in the Salesperson: An Integrative Review and Meta-analysis of the Empirical Literature[J]. Journal of Business Research, 1999, 44(2): 93-107.

[162] Sze J A, Gyurak A, Yuan J W, et al. Coherence Between Emotional Experience and Physiology: Does Body Awareness Training Have an Impact? [J]. Emotion, 2010, 10(6): 803-814.

[163] Tamir M, Bigman Y E, Rhodes E, et al. An Expectancy-value Model of Emotion Regulation: Implications for Motivation, Emotional Experience, and Decision Making[J]. Emotion, 2015, 15(1): 90-104.

[164] Thompson C J, Locander W B, Pollio H R. Putting Consumer Experience Back into Consumer Research: The Philosophy and Method of Existential-Phenomenology[J]. Journal of Consumer Research, 1989, 16(2): 133-146.

[165] Thomson M, Macinnis D J, Park C W. The Ties That Bind:

Measuring the Strength of Consumers' Emotional Attachments to Brands[J]. Journal of Consumer Psychology, 2005, 15(1): 77-91.

[166] Thomson M, Whelan J, Johnson A R. Why Brands Should Fear Fearful Consumers: How Attachment Style Predicts Retaliation[J]. Journal of Consumer Psychology, 2012, 22(2): 289-298.

[167] Thomson M. Human Brands: Investigating Antecedents to Consumers' Strong Attachments to Celebrities[J]. Journal of Marketing, 2006, 70(3): 104-119.

[168] Totterdell P, Holman D. Emotion Regulation in Customer Service Roles: Testing a Model of Emotional Labor[J]. Journal of Occupational Health Psychology, 2003, 8(1): 55-73.

[169] Trinke S J, Bartholomew K. Hierarchies of Attachment Relationships in Young Adulthood[J]. Journal of Social and Personal Relationships, 1997, 14(5): 603-625.

[170] Veloutsou C, Saren M, Tzokas N. Relationship Marketing[J]. European Journal of Marketing, 2002, 36(4): 433-449.

[171] Virginia B, Victoria C. Using Thematic Analysis in Psychology[J]. Qualitative Research in Psychology, 2006, 3(2): 77-101.

[172] Vlachos P A, Vrechopoulos A P. Consumer-retailer Love and Attachment: Antecedents and Personality Moderators[J]. Journal of Retailing & Consumer Services, 2012, 19(2): 218-228.

[173] Voorhees C M, Zboja J J. The Impact of Brand Trust and Satisfaction on Retailer Repurchase Intentions[J]. Journal of Services Marketing, 2006, 20(20): 381-390.

[174] Wang M, Liao H, Zhan Y, et al. Daily Customer Mistreatment and Employee Sabotage Against Customers: Examining Emotion and Resource Perspectives[J]. Academy of Management Journal, 2015, 54(2): 312-334.

[175] Weiss, R, S. Attachment in Adult Life[M]. Basic Books, 1982.

[176] Winter D, Joost C. F. Dodou. Five-Point Likert Items: Test versus Mann-Whitney-Wilcoxon[J]. Practical Assessment Research & Evaluation, 2010, 15(11): 1-16.

[177] Xie Y, Peng S. How to Repair Customer Trust after Negative Publicity: The Roles of Competence, Integrity, Benevolence, and Forgiveness[J]. Psychology & Marketing, 2009, 26(7): 572-589.

[178] Xu J B. Luxury Hotel Brand Equity, Customer Experience, and tHeir Antecedents: A Study of Business Travellers in Hong Kong [D]. Hong Kong Polytechnic University, 2011.

[179] Xu Y H, Zhang M L, Tang S L. The Impact of Brand Experience on Relational Benefit: The Role of Brand Familiarity, Brand Image and Brand Personality[J]. Advanced Materials Research, 2011(225-226): 103-106.

[180] Jiang Z, Benbasat I. Virtual Product Experience: Effects of Visual and Functional Control of Products on Perceived Diagnosticity and Flow in Electronic Shopping[J]. Journal of Management Information Systems, 2004, 21(3): 111-147.

[181] Zhou H, Long L. Statistical Remedies for Common Method Biases [J]. Advances in Psychological Science, 2004, 12(6): 942-950.

[182] 白长虹.西方的顾客价值研究及其实践启示[J].南开管理评论,2001, 4(2): 51-55.

[183] 边雅静,毛炳寰,张振兴.品牌体验对品牌忠诚的影响机制分析——基于餐饮品牌的实证研究[J].数理统计与管理,2012,31(4): 670-679.

[184] 陈向明.质的研究方法与社会科学研究[M].北京:教育科学出版社,2000.

[185] 陈晓萍,徐淑英,樊景立.组织与管理研究的实证方法[M].北京:北京大学出版社,2012.

[186] 程骏骏.商务谈判行为机制中的关系性、动态性和文化隐私：一个多视角整合的观点[D].复旦大学,2015.

[187] 崔晓明,姚凯,胡君辰.基于利益相关者的危机管理理论研究——来自2008—2012年危机管理成败案例的证据[J].中国工业经济,2013(4):120-132.

[188] 戴天婧,张茹,汤谷良.财务战略驱动企业盈利模式——美国苹果公司轻资产模式案例研究[J].会计研究,2012(11):23-32.

[189] 范秀成.顾客体验驱动的服务品牌建设[J].南开管理评论,2001,4(6):16-20.

[190] 风笑天.方法论背景中的问卷调查法[J].社会学研究,1994(3):13-18.

[191] 葛逸尘,归希煜.苹果公司的差异化组合竞争[J].当代经济,2009(10):60-62.

[192] 郭亿馨,苏勇.责任型领导概念结构与量表[J].技术经济,2017(10):77-83.

[193] 侯东哲,张颖,巫嘉陵,等.中文版Barthel指数的信度与效度研究[J].临床荟萃,2012,27(3):219-221.

[194] 胡晓娣.知识型员工建言行为的影响机制研究[D].复旦大学,2011.

[195] 黄静,熊巍.消费者品牌关系的断裂与再续：理论回顾与展望[J].外国经济与管理,2007,29(7):50-55.

[196] 黄潇婷.基于时空路径的旅游情感体验过程研究——以香港海洋公园为例[J].旅游学刊,2015,30(6):39-45.

[197] 蒋廉雄,冯睿,滕海波,等.不同品牌化情境下的新产品采用：消费者创新性和品牌依恋的影响[J].南开管理评论,2015,18(6):71-80.

[198] 康庄,石静.品牌资产、品牌认知与消费者品牌信任关系实证研究[J].华东经济管理,2011,25(3):99-103.

[199] 李鸿儒.定性研究中的信度和效度[D].哈尔滨工程大学,2009.

[200] 李启庚,余明阳.品牌体验价值对品牌资产影响的过程机理[J].系统管理学报,2011,20(6):744-751.

[201] 李艳娥.顾客体验：理论渊源、演变及其梳理[J].商业研究,2010(2)：31-35.

[202] 李育辉,谭北平,王芸,等.不同等级数利克特量表的比较研究-以满意度研究为例[J].Journal of Data Analysis,2006,1(2)：159-173.

[203] 罗胜强.管理学问卷调查研究方法[M].重庆：重庆大学出版社,2014.

[204] 马庆国.管理统计[M].北京：科学出版社,2002.

[205] 莫妮卡·亨宁克,英格·哈特,阿杰·贝利.质性研究方法[M].杭州：浙江大学出版社,2015.

[206] 苹果公司.苹果营造全新数码生活的核心[J].计算机与网络,2002(4)：62-63.

[207] 普拉尼·利亚姆帕特唐,道格拉斯·艾子.质性研究方法[M].重庆：重庆大学出版社,2009.

[208] 荣泰生,白雪梅.SPSS与研究方法[M].大连：东北财经大学出版社,2012.

[209] 王保进.英文视窗版SPSS与行为科学研究.第3版[M].北京：北京大学出版社,2007.

[210] 王娟,林晓东.教师与学生的理想学生观念研究——兼论开放型问卷数据的定量分析[J].当代教育与文化,2017,9(1)：35-42.

[211] 望海军.品牌信任和品牌情感：究竟谁导致了品牌忠诚？竟谁一个动态研究[J].心理学报,2012,44(6)：830-840.

[212] 温忠麟,张雷,侯杰泰.有中介的调节变量和有调节的中介变量[J].心理学报,2006,38(3)：448-452.

[213] 吴明隆.SPSS统计应用实务：问卷分析与应用统计[M].北京：科学出版社,2003.

[214] 吴水龙,刘长琳,卢泰宏.品牌体验对品牌忠诚的影响：品牌社区的中介作用[J].商业经济与管理,2009,213(7)：80-90.

[215] 夏玲,戴春林.品牌依恋的概念和测量[J].重庆文理学院学报,2010,29(4)：93-97.

[216] 谢毅,彭泗清.品牌信任和品牌情感对口碑传播的影响:态度和态度不确定性的作用[J].管理评论,2014,26(2):80-91.

[217] 徐云杰,黄丽华,周文越,等.企业过程优化决策支持系统概念框架[J].管理科学学报,1997(4):37-44.

[218] 徐云杰.社会调查设计与数据分析[M].重庆:重庆大学出版社,2011.

[219] 杨龙,王永贵.顾客价值及其驱动因素剖析[J].管理世界,2002(6):146-147.

[220] 杨松霖.塑造品牌情感的九大策略:创建消费者的情感体验[J].现代企业教育,2009(1):30-32.

[221] 姚琦,黄佳.品牌感性体验与行为体验对消费者—品牌关系的影响[J].统计与决策,2015(17):176-179.

[222] 袁登华,罗嗣明,李游.品牌信任结构及其测量研究[J].心理学探新,2007,27(3):81-86.

[223] 张振兴,边雅静.品牌体验——概念、维度与量表构建[J].统计与决策,2011(10):177-179.

[224] 赵国祥,申淑丽,高冬东.180名处级党政干部领导能力研究[J].心理科学,2003,26(3):553-553.

[225] 郑晶晶.问卷调查法研究综述[J].理论观察,2014(10):102-103.

[226] 周健明,邓诗鉴.品牌依恋对消费惯性与品牌忠诚的影响研究[J].管理现代化,2015(6):73-75.

[227] 周健明,郭国庆,张新圣.网络负面谣言与品牌依恋:品牌涉入与品牌信任的作用[J].经济管理,2015(9):83-91.

附　　录

附录一：研究一调研问卷（一）

香港城市大学和复旦大学联合品牌类别调查

尊敬的女士/先生，您好：

　　非常感谢您能够参与本次市场调查！此次问卷由香港城市大学和复旦大学联合发起，旨在了解消费者对品牌的了解和熟悉程度。您的答案无对错之分，请放心填答。我们承诺：您所提供的所有资料仅用于学术研究，我们对您的回答严格保密。

　　再次感谢您的参与！

香港城市大学和复旦大学联合课题组

2017 年 10 月

　　人们对某一品牌的产品和服务的体验分为两类：理性体验和情感体验。

　　(1) 理性体验型品牌：包括行为体验和智力体验。理性体验型品牌是指这个品牌的产品和服务能让消费者对其产生理性认知，包括消费者会根据自己的需要更多地使用这个品牌的产品和服务的功能，并且还会通过对该产品和服务的功能来拓宽消费者对产品和服务的知识和眼界。

　　(2) 情感体验型品牌：包括感官体验和情感体验。情感体验型品牌是指这个品牌的产品和服务能让消费者对其产生情感认知,包括在感官上给消费者强烈的刺激,使消费者产生审美体验,同时影响到消费者的情绪和感情。

1. 请您根据上述定义以及您的使用情况,对以下计算机、通讯和其他电子制造业品牌进行分类:[矩阵单选题][必答题]

	情感体验型	理性体验型	我在近两年中没使用过,不清楚
联想(Lenovo)			
苹果(Apple)			
微软(Microsoft)			
戴尔(Dell)			
IBM			
神舟(Hasee)			

2. 请您根据上述定义以及您的使用情况,对以下汽车制造业品牌进行分类:[矩阵单选题][必答题]

	情感体验型	理性体验型	我在近两年中没使用过,不清楚
比亚迪(BYD)			
长城(GWM)			
奥迪(Audi)			
丰田(Toyota)			
宝马(BMW)			
保时捷(Porsche)			

3. 请您根据上述定义以及您的使用情况,对以下服装业品牌进行分类:[矩阵单选题][必答题]

	情感体验型	理性体验型	我在近两年中没使用过,不清楚
森马(Semir)			
ZARA			
雅戈尔(Youngor)			
阿玛尼(Armani)			
巴宝莉(Burberry)			
哥弟(Girdear)			

4. 请您根据上述定义以及您的使用情况，对以下运动制造业品牌进行分类：[矩阵单选题][必答题]

	情感体验型	理性体验型	我在近两年中没使用过，不清楚
安踏(Anta)			
耐克(Nike)			
锐步(Reebok)			
李宁(LiNing)			
始祖鸟(Arcteryx)			
北面(The North Face)			

5. 请您根据上述定义以及您的使用情况，对以下饮品业品牌进行分类：[矩阵单选题][必答题]

	情感体验型	理性体验型	我在近两年中没使用过，不清楚
可口可乐(Coca Cola)			
星巴克(Starbucks)			
红牛(Redbull)			
农夫山泉(NongFu Spring)			
娃哈哈(Wahaha)			
雀巢(Nestlé)			

6. 请您根据上述定义以及您的使用情况，对以下餐饮业品牌进行分类：[矩阵单选题][必答题]

	情感体验型	理性体验型	我在近两年中没使用过，不清楚
佰草集(Herborist)			
相宜本草(Inoherb)			
百雀羚(Pechoin)			
资生堂(Shiseido)			
香奈尔(Chanel)			
迪奥(Dior)			

背景资料

1. 您的性别:

(1) 男　(2) 女

2. 您的年龄段是:

(1) 18 岁以下　(2) 18—25 岁　(3) 26—30 岁　(4) 31—40 岁

(5) 41—50 岁　(6) 51—60 岁　(7) 60 岁以上

3. 您的最高学历:

(1) 硕士及以上　(2) 本科　(3) 大专　(4) 高中及以下

4. 您目前的职业:

(1) 政府机关或事业单位　(2) 企业职工　(3) 个体工商户　(4) 学生
(5) 其他

5. 您当前的月收入:

(1) 8 000 元以上　(2) 5 000—8 000 元　(3) 3 000—5 000 元

(4) 1 000—3 000 元　(5) 1 000 元以下　(6) 无收入

附录二: 研究一调研问卷(二)

香港城市大学和复旦大学联合品牌类别调查

尊敬的女士/先生,您好:

非常感谢您能够参与本次市场调查! 此次问卷由香港城市大学和复旦大学联合发起,旨在了解消费者对品牌的了解和熟悉程度。您的答案无对错之分,请放心填答。我们承诺:您所提供的所有资料仅用于学术研究,我们对您的回答严格保密。

再次感谢您的参与!

香港城市大学和复旦大学联合课题组

2017 年 11 月

人们对某一品牌的产品和服务的体验分为两类：理性体验和感性体验。

(1) 理性体验型品牌：包括行为体验和智力体验。理性体验型品牌是指这个品牌的产品和服务能让消费者对其产生理性认知，包括消费者会根据自己的需要更多地使用这个品牌的产品和服务的功能，并且还会通过对该产品和服务的功能来拓宽消费者对产品和服务的知识和眼界。

(2) 感性体验型品牌：包括感官体验和情感体验。感性体验型品牌是指这个品牌的产品和服务能让消费者对其产生情感，包括在感官上给消费者强烈的刺激，使消费者产生审美体验，同时影响到消费者的情绪和感情。

1. 请您根据上述定义以及您的使用情况，对以下计算机、通讯和其他电子制造业品牌进行分类：[矩阵单选题][必答题]

	情感体验型	理性体验型	我在近两年中没使用过,不清楚
联想(Lenovo)			
苹果电脑(Macbook)			
微软(Microsoft)			
戴尔(Dell)			
华硕(ASUS)			
神舟(Hasee)			

2. 请您根据上述定义以及您的使用情况，对以下运动制造业品牌进行分类：[矩阵单选题][必答题]

	情感体验型	理性体验型	我在近两年中没使用过,不清楚
安踏(Anta)			
耐克(Nike)			
锐步(Reebok)			
李宁(LiNing)			
阿迪达斯(Adidas)			
361度(361°)			

3. 请您根据上述定义以及您的使用情况，对以下饮品业品牌进行分类：
[矩阵单选题][必答题]

	情感体验型	理性体验型	我在近两年中没使用过，不清楚
可口可乐(Coca Cola)			
星巴克(Starbucks)			
百事可乐(Pepsi)			
农夫山泉(NongFu Spring)			
娃哈哈(Wahaha)			
雀巢(Nestlé)			

4. 请您根据上述定义以及您的使用情况，对以下化妆品业品牌进行分类：
[矩阵单选题][必答题]

	情感体验型	理性体验型	我在近两年中没使用过，不清楚
佰草集(Herborist)			
相宜本草(Inoherb)			
百雀羚(Pechoin)			
资生堂(Shiseido)			
香奈尔(Chanel)			
迪奥(Dior)			

5. 请您根据上述定义以及您的使用情况，对以下手机业品牌进行分类：
[矩阵单选题][必答题]

	情感体验型	理性体验型	我在近两年中没使用过，不清楚
苹果手机(Apple)			
维沃(Vivo)			
欧珀(Oppo)			
华为(Huawei)			
小米(MI)			
三星(Samsung)			
索尼(Sony)			

背景资料

1. 您的性别：

（1）男　（2）女

2. 您的年龄段是：

（1）18 岁以下　　（2）18—25 岁　　（3）26—30 岁　　（4）31—40 岁

（5）41—50 岁　　（6）51—60 岁　　（7）60 岁以上

3. 您的最高学历：

（1）硕士及以上　（2）本科　（3）大专　（4）高中及以下

4. 您目前的职业：

（1）政府机关或事业单位　（2）企业职工　（3）个体工商户　（4）学生　（5）其他

5. 您当前的月收入：

（1）8 000 元以上　　（2）5 000—8 000 元　　（3）3 000—5 000 元

（4）1 000—3 000 元　（5）1 000 元以下　　　（6）无收入

附录三：研究二调研问卷（一）

香港城市大学和复旦大学联合消费调查

尊敬的女士／先生，您好：

　　非常感谢您能够参与本次市场调查！此次问卷由香港城市大学和复旦大学联合发起，旨在了解消费者对品牌的了解和熟悉程度。您的答案无对错之分，请放心填答。我们承诺：您所提供的所有资料仅用于学术研究，我们对您的回答严格保密。

再次感谢您的参与！

香港城市大学和复旦大学联合课题组

2017 年 10 月

人们对品牌的信任分为两种：**认知信任和情感信任**。

(1) 品牌的认知信任指的是：人们对某一品牌的功能和可靠性有信心，由于觉得产品的功能能够满足自己的需求，从而愿意承担购买风险。

(2) 品牌的情感信任指的是：人们对某一品牌在感情上具有共鸣，由于喜欢这个品牌，从而愿意承担购买风险。

事实上，在消费行为中，有相当部分是受到对品牌功能和可靠性的认知信任影响，也有相当部分是单纯受到对品牌喜爱、依赖的情感信任影响。

基于以上信息，请根据您的购买经历和体验，回答以下两个问题：

1. 请根据您的购买体验，简要列出 4—6 条您对"品牌认知信任"的理解，每一条描述用一到两句话简要概括即可，无需论证。［矩阵文本题］［必答题］

观点 1

观点 2

观点 3

观点 4

观点 5

观点 6

2. 请根据您的购买体验，简要列出 4—6 条您对"品牌情感信任"的理解，每一条描述用一到两句话简要概括即可，无需论证。［矩阵文本题］［必答题］

观点 1

观点 2

观点 3

观点 4

观点 5

观点 6

背景资料

1. 您的性别:

(1) 男 (2) 女

2. 您的年龄段是:

(1) 18 岁以下 (2) 18—25 岁 (3) 26—30 岁 (4) 31—40 岁

(5) 41—50 岁 (6) 51—60 岁 (7) 60 岁以上

3. 您的最高学历:

(1) 硕士及以上 (2) 本科 (3) 大专 (4) 高中及以下

4. 您目前的职业:

(1) 政府机关或事业单位 (2) 企业职工 (3) 个体工商户 (4) 学生

(5) 其他

5. 您当前的月收入:

(1) 8 000 元以上 (2) 5 000—8 000 元 (3) 3 000—5 000 元

(4) 1 000—3 000 元 (5) 1 000 元以下 (6) 无收入

附录四: 研究二调研问卷(二)

香港城市大学和复旦大学联合消费调查

尊敬的女士/先生,您好:

非常感谢您能够参与本次市场调查!此次问卷由香港城市大学和复旦大学联合发起,旨在了解消费者对品牌的了解和熟悉程度。您的答案无对错之分,请放心填答。我们承诺:您所提供的所有资料仅用于学术研究,我们对您的回答严格保密。

再次感谢您的参与!

香港城市大学和复旦大学联合课题组

2017 年 10 月

1. 请选择一个最熟悉的品牌[单选题][必答题]

（1）联想

（2）苹果

（3）耐克

（4）安踏

（5）星巴克

（6）华为

（7）百雀羚

（8）香奈尔

您选择的是：_____

请你根据自己对这一品牌的信任情况，选择最能代表您感受的选项。

2. 我信任这一品牌是因为……[矩阵量表题][必答题]

编号	问题	完全不同意→完全同意
1	我认为该品牌受到社会大众的广泛认可。	1 2 3 4 5
2	我获取了这个品牌的大量信息，对这个品牌十分了解。	1 2 3 4 5
3	我认可这个品牌的质量并需求其功能。	1 2 3 4 5
4	这个品牌的定位十分符合我的需求。	1 2 3 4 5

3. 我信任这一品牌是因为……[矩阵量表题][必答题]

编号	问题	完全不同意→完全同意
1	我喜爱这个品牌。	1 2 3 4 5
2	我认可这个品牌。	1 2 3 4 5
3	我对这个品牌有情结。	1 2 3 4 5
4	这个品牌能满足我的情感需求。	1 2 3 4 5

背景资料

1. 您的性别：

（1）男　（2）女

2. 您的年龄段是：

(1) 18 岁以下　　(2) 18—25 岁　　(3) 26—30 岁　　(4) 31—40 岁

(5) 41—50 岁　　(6) 51—60 岁　　(7) 60 岁以上

3. 您的最高学历：

(1) 硕士及以上　　(2) 本科　　(3) 大专　　(4) 高中及以下

4. 您目前的职业：

(1) 政府机关或事业单位　　(2) 企业职工　　(3) 个体工商户　　(4) 学生
(5) 其他

5. 您当前的月收入：

(1) 8 000 元以上　　(2) 5 000—8 000 元　　(3) 3 000—5 000 元

(4) 1 000—3 000 元　(5) 1 000 元以下　　(6) 无收入

附录五：预调研问卷

香港城市大学和复旦大学联合调查（预）

尊敬的女士/先生，您好：

　　非常感谢您能够参与本次市场调查！此次问卷由香港城市大学和复旦大学联合发起，旨在了解消费者对品牌的了解和熟悉程度。您的答案无对错之分，请放心填答。我们承诺：您所提供的所有资料仅用于学术研究，我们对您的回答严格保密。

　　再次感谢您的参与！

香港城市大学和复旦大学联合课题组

2017 年 11 月

1. 请选择一个最熟悉的品牌[单选题][必答题]

(1) 联想

(2) 苹果

(3) 耐克

(4) 安踏

(5) 星巴克

(6) 华为

(7) 百雀羚

(8) 香奈尔

您选择的是：_____

请你根据自己对这一品牌的信任情况，选择最能代表您感受的选项。

1. 请根据您对[品牌名称]的使用体验，根据您的第一印象来选择您对这些问题的同意程度(1＝完全不同意；2＝不同意；3＝一般；4＝同意；5＝完全同意)。

编号	问题	完全不同意→完全同意
A1	该品牌给我强烈的感官刺激。	1 2 3 4 5
A2	该品牌让我有情感共鸣。	1 2 3 4 5
A3	该品牌让我觉得自己与众不同。	1 2 3 4 5
A4	该品牌很符合我的个性。	1 2 3 4 5
B1	该品牌的功能引起我的思考。	1 2 3 4 5
B2	该品牌让我了解一些新的知识。	1 2 3 4 5
B3	该品牌让我想去探索产品功能。	1 2 3 4 5

2. 请根据您对您挑选的[品牌]的感受，根据您的第一印象来选择您对这些问题的同意程度(1＝完全不同意；2＝不同意；3＝一般；4＝同意；5＝完全同意)。

编号	问题	完全不同意→完全同意
A1	我视该品牌为我的一个好朋友。	1 2 3 4 5
A2	如果该品牌退出市场，我会感到难过。	1 2 3 4 5
A3	当别人夸奖该品牌时，我会感到自豪。	1 2 3 4 5

续 表

编号	问题	完全不同意→完全同意
A4	我愿意溢价购买该品牌的产品。	1 2 3 4 5
B1	该产品功能丰富,我很珍视该产品。	1 2 3 4 5
B2	该产品功用齐全,能打动我。	1 2 3 4 5
B3	该产品功能能够满足我的需求,我非常喜欢该产品。	1 2 3 4 5
B4	我对该产品的功用很满意。	1 2 3 4 5

3. 请根据您对您挑选的品牌的感受,根据您的第一印象来选择您对这些问题的同意程度(1＝完全不同意;2＝不同意;3＝一般;4＝同意;5＝完全同意)。[矩阵量表题][必答题]

编号	问题	完全不同意→完全同意
A1	该品牌产品的质量总是让我满意。	1 2 3 4 5
A2	我购买该品牌的产品,是因为我对其产品功能有信心。	1 2 3 4 5
A3	该品牌是一个诚信的品牌。	1 2 3 4 5
A4	我了解这个品牌产品的功能与质量,所以我对该品牌有信心。	1 2 3 4 5
B1	我就是在情感上喜爱这个品牌。	1 2 3 4 5
B2	我对这个品牌热爱让我买这个品牌的产品。	1 2 3 4 5
B3	我对这个品牌情有独钟。	1 2 3 4 5
B4	不用这个品牌我会觉得不开心。	1 2 3 4 5

背景资料

1. 您的性别:

(1) 男　(2) 女

2. 您的年龄段是:

(1) 18 岁以下　(2) 18—25 岁　(3) 26—30 岁　(4) 31—40 岁

(5) 41—50 岁　(6) 51—60 岁　(7) 60 岁以上

3. 您的最高学历:

(1) 硕士及以上　(2) 本科　(3) 大专　(4) 高中及以下

4. 您目前的职业：

（1）政府机关或事业单位 （2）企业职工 （3）个体工商户 （4）学生 （5）其他

5. 您当前的月收入：

（1）8 000 元以上 （2）5 000—8 000 元 （3）3 000—5 000 元

（4）1 000—3 000 元 （5）1 000 元以下 （6）无收入

附录六：正式调研问卷（一）

香港城市大学和复旦大学联合调查（1）

尊敬的女士/先生，您好：

　　非常感谢您能够参与本次市场调查！此次问卷由香港城市大学和复旦大学联合发起，旨在了解消费者对品牌的了解和熟悉程度。您的答案无对错之分，请放心填答。我们承诺：您所提供的所有资料仅用于学术研究，我们对您的回答严格保密。

　　再次感谢您的参与！

香港城市大学和复旦大学联合课题组

2017 年 11 月

1. 请选择一个最熟悉的品牌［单选题］［必答题］

（1）苹果

（2）耐克

（3）星巴克

（4）香奈尔

您选择的是：_____

请你根据自己对这一品牌的信任情况,选择最能代表您感受的选项。

1. 请根据您对[品牌名称]的使用体验,根据您的第一印象来选择您对这些问题的同意程度(1=完全不同意;2=不同意;3=一般;4=同意;5=完全同意)。

编号	问题	完全不同意→完全同意
A1	该品牌给我强烈的感官刺激。	1 2 3 4 5
A3	该品牌让我觉得自己与众不同。	1 2 3 4 5
A4	该品牌很符合我的个性。	1 2 3 4 5
B1	该品牌的功能引起我的思考。	1 2 3 4 5
B2	该品牌让我了解一些新的知识。	1 2 3 4 5
B3	该品牌让我想去探索产品功能。	1 2 3 4 5

2. 请根据您对您挑选的[品牌]的感受,根据您的第一印象来选择您对这些问题的同意程度(1=完全不同意;2=不同意;3=一般;4=同意;5=完全同意)。

编号	问题	完全不同意→完全同意
A1	我视该品牌为我的一个好朋友。	1 2 3 4 5
A2	如果该品牌退出市场,我会感到难过。	1 2 3 4 5
A3	当别人夸奖该品牌时,我会感到自豪。	1 2 3 4 5
A4	我愿意溢价购买该品牌的产品。	1 2 3 4 5
B1	该产品功能丰富,我很珍视该产品。	1 2 3 4 5
B2	该产品功用齐全,能打动我。	1 2 3 4 5
B3	该产品功能能够满足我的需求,我非常喜欢该产品。	1 2 3 4 5
B4	我对该产品的功用很满意。	1 2 3 4 5

3. 请根据您对您挑选的品牌的感受,根据您的第一印象来选择您对这些问题的同意程度(1=完全不同意;2=不同意;3=一般;4=同意;5=完全同意)。[矩阵量表题][必答题]

编号	问题	完全不同意→完全同意
A1	该品牌产品的质量总是让我满意。	1 2 3 4 5
A2	我购买该品牌的产品,是因为我对其产品功能有信心。	1 2 3 4 5
A3	该品牌是一个诚信的品牌。	1 2 3 4 5

续 表

编号	问 题	完全不同意→完全同意
A4	我了解这个品牌产品的功能与质量,所以我对该品牌有信心。	1　2　3　4　5
B1	我就是在情感上喜爱这个品牌。	1　2　3　4　5
B2	我对这个品牌热爱让我买这个品牌的产品。	1　2　3　4　5
B3	我对这个品牌情有独钟。	1　2　3　4　5
B4	不用这个品牌我会觉得不开心。	1　2　3　4　5

背景资料

1. 您的性别:

(1) 男　(2) 女

2. 您的年龄段是:

(1) 18 岁以下　(2) 18—25 岁　(3) 26—30 岁　(4) 31—40 岁

(5) 41—50 岁　(6) 51—60 岁　(7) 60 岁以上

3. 您的最高学历:

(1) 硕士及以上　(2) 本科　(3) 大专　(4) 高中及以下

4. 您目前的职业:

(1) 政府机关或事业单位　(2) 企业职工　(3) 个体工商户　(4) 学生

(5) 其他

5. 您当前的月收入:

(1) 8 000 元以上　(2) 5 000—8 000 元　(3) 3 000—5 000 元

(4) 1 000—3 000 元　(5) 1 000 元以下　(6) 无收入

附录七: 正式调研问卷(二)

香港城市大学和复旦大学联合调查(2)

尊敬的女士/先生,您好:

非常感谢您能够参与本次市场调查! 此次问卷由香港城市大学和复旦大

学联合发起,旨在了解消费者对品牌的了解和熟悉程度。您的答案无对错之分,请放心填答。我们承诺：您所提供的所有资料仅用于学术研究,我们对您的回答严格保密。

再次感谢您的参与！

香港城市大学和复旦大学联合课题组
2017年11月

1. 请选择一个最熟悉的品牌[单选题][必答题]

(1) 联想

(2) 安踏

(3) 华为

(4) 百雀羚

您选择的是：_____

请你根据自己对这一品牌的信任情况,选择最能代表您感受的选项。

1. 请根据您对[品牌名称]的使用体验,根据您的第一印象来选择您对这些问题的同意程度(1＝完全不同意;2＝不同意;3＝一般;4＝同意;5＝完全同意)。

编号	问题	完全不同意→完全同意
A1	该品牌给我强烈的感官刺激。	1　2　3　4　5
A3	该品牌让我觉得自己与众不同。	1　2　3　4　5
A4	该品牌很符合我的个性。	1　2　3　4　5
B1	该品牌的功能引起我的思考。	1　2　3　4　5
B2	该品牌让我了解一些新的知识。	1　2　3　4　5
B3	该品牌让我想去探索产品功能。	1　2　3　4　5

2. 请根据您对您挑选的[品牌]的感受,根据您的第一印象来选择您对这些问题的同意程度(1＝完全不同意;2＝不同意;3＝一般;4＝同意;5＝完全同意)。

编号	问题	完全不同意→完全同意
A1	我视该品牌为我的一个好朋友。	1 2 3 4 5
A2	如果该品牌退出市场,我会感到难过。	1 2 3 4 5
A3	当别人夸奖该品牌时,我会感到自豪。	1 2 3 4 5
A4	我愿意溢价购买该品牌的产品。	1 2 3 4 5
B1	该产品功能丰富,我很珍视该产品。	1 2 3 4 5
B2	该产品功用齐全,能打动我。	1 2 3 4 5
B3	该产品功能能够满足我的需求,我非常喜欢该产品。	1 2 3 4 5
B4	我对该产品的功用很满意。	1 2 3 4 5

3. 请根据您对您挑选的品牌的感受,根据您的第一印象来选择您对这些问题的同意程度(1＝完全不同意;2＝不同意;3＝一般;4＝同意;5＝完全同意)。[矩阵量表题][必答题]

编号	问题	完全不同意→完全同意
A1	该品牌产品的质量总是让我满意。	1 2 3 4 5
A2	我购买该品牌的产品,是因为我对其产品功能有信心。	1 2 3 4 5
A3	该品牌是一个诚信的品牌。	1 2 3 4 5
A4	我了解这个品牌产品的功能与质量,所以我对该品牌有信心。	1 2 3 4 5
B1	我就是在情感上喜爱这个品牌。	1 2 3 4 5
B2	我对这个品牌热爱让我买这个品牌的产品。	1 2 3 4 5
B3	我对这个品牌情有独钟。	1 2 3 4 5
B4	不用这个品牌我会觉得不开心。	1 2 3 4 5

背景资料

1. 您的性别:

(1) 男　(2) 女

2. 您的年龄段是:

(1) 18 岁以下　(2) 18—25 岁　(3) 26—30 岁　(4) 31—40 岁

(5) 41—50 岁　(6) 51—60 岁　(7) 60 岁以上

3. 您的最高学历:

(1) 硕士及以上　(2) 本科　(3) 大专　(4) 高中及以下

4. 您目前的职业：

（1）政府机关或事业单位　（2）企业职工　（3）个体工商户　（4）学生　（5）其他

5. 您当前的月收入：

（1）8 000 元以上　　（2）5 000—8 000 元　　（3）3 000—5 000 元

（4）1 000—3 000 元　（5）1 000 元以下　　　（6）无收入

致　　谢

　　耕耘三载,付梓之际,对指导和陪伴我的导师、助研、朋友、同事及家人表示衷心的感谢!

　　深深感谢我的导师——香港城市大学苏晨汀教授、复旦大学苏勇教授,两位导师的面命耳提,鱼渔双授,使我终身受益。

　　感谢严厚民、吕长江、杨海滨、蒋青云、严萍、杨志林等教授的帮助,对我的课题研究和写作提出了大量宝贵的意见和建议,受益匪浅。同时感谢江新、巢志珊、陈彩霞、白碧湖、顾丹等老师的帮助。

　　一项好的课题研究,离不开优秀的助研。由衷感谢助研方凌智博士和马文杰博士。他们扎实的理论功底、严谨的工作态度、一丝不苟的敬业精神,无不使我感受到团队的力量。

　　最后,感谢我的同事和家人,在我研究期间任劳任怨、兢兢业业,出色完成各项工作。还有默默支持我完成此课题研究的亲朋好友,在此一并感谢!

　　寥寥数笔,难抒胸臆,感恩感谢,铭记于心!

图书在版编目(CIP)数据

品牌依恋:品牌体验对品牌信任影响机制研究/陈云勇著. —上海:复旦大学出版社,
2019.11
(香港城市大学—复旦大学工商管理博士(DBA)项目"管理实践者的理论探索"系列丛书)
ISBN 978-7-309-14718-6

Ⅰ.①品… Ⅱ.①陈… Ⅲ.①企业管理-品牌战略-研究 Ⅳ.①F272.3

中国版本图书馆 CIP 数据核字(2019)第 248548 号

品牌依恋:品牌体验对品牌信任影响机制研究
陈云勇 著
责任编辑/姜作达

复旦大学出版社有限公司出版发行
上海市国权路 579 号 邮编:200433
网址:fupnet@fudanpress.com http://www.fudanpress.com
门市零售:86-21-65642857 团体订购:86-21-65118853
外埠邮购:86-21-65109143
常熟市华顺印刷有限公司

开本 787×960 1/16 印张 15.25 字数 214 千
2019 年 11 月第 1 版第 1 次印刷

ISBN 978-7-309-14718-6/F·2648
定价:42.00 元

如有印装质量问题,请向复旦大学出版社有限公司发行部调换。
版权所有 侵权必究